子ども家庭支援の理論と方法

保育・子育て・障害児支援・社会的養護の動向をふまえて

渡辺顕一郎・金山美和子 著

金子書房

は じ め に

　本書は，2015 年に出版した『家庭支援の理論と方法—保育・子育て・障害児支援・虐待予防を中心に—』（金子書房）に大幅な改訂を加え，新たに書き加えた内容も含めリニューアルを図った書です。前著を出版してからおよそ10 年，少子化の進行に象徴される子育てをめぐる状況はさらに変化を遂げており，子ども家庭福祉や子ども・子育て支援に関する法制度やその推進体制についても改正等が重ねられてきました。

　こども基本法の基本理念として掲げられたいわゆる「こどもまんなか社会」の理念には大いに賛同しますが，具体的にどのような制度・政策や方法論によって理想とされる社会のありようを実現していくのかについては，まだまだ多くの議論を必要とします。また，こども政策の司令塔として創設された「こども家庭庁」が扱う領域は，少子化対策，子育て支援をはじめ，保育，障害児支援，社会的養護，さらには若者育成支援などを含み幅広く，ともすればそれら関連施策は総花的になりがちで，かえって本質的な議論を見失う場合が起こり得ると考えます。

　本書の執筆においては，めまぐるしく変化する子ども・子育て支援の動向をおさえつつも，子どもだけでなく子育てを行う親・家族の目線から子ども家庭支援のあり方を見つめ，大切にしたい考え方を論じたり，支援を実践するための具体的方法やその課題についても検討することを目指してきました。こうした本書の趣旨が内容的に反映できたかについては，率直に申し上げて不十分な点も残されていると思いますが，子ども家庭支援に日々従事する支援者の方々にとって支援の質的向上に結びつく示唆や，支援のあり方を見つめ直す視点を提示できれば幸いです。また，これから支援者として活躍するだろう保育や社会福祉を学ぶ学生のテキストとしても活用していただくことができればと考え，とくに保育士養成における「子ども家庭支援論」に相当する学習内容をある程度織り込むようにしました。

　なお，本書におけるキーワードである「こども」「子ども」の表記の使い分

けについて述べておきます。後述する本文において引用している通り，2023（令和5）年度から施行された「こども基本法」において「こども」とは，「心身の発達の過程にある者」と定義されており，若者育成支援を含み明確な年齢の規定を設けていません。これに対して，国連による「児童の権利に関する条約（子どもの権利条約）」や日本の「児童福祉法」においては，18歳未満を「児童」と定義し，「子ども」と表記する場合が一般的です。したがって本書でも，このような制度上の規定に沿って表記を使い分けています。

ちなみに，政府や省庁の公用文における表記は統一されておらず，従来から厚生労働省は主として「子ども」，文部科学省は「子供」，内閣府は「子ども」や「こども」（認定こども園に関連して）を使い分ける場合が多く，今般の「こども基本法」や「こども家庭庁」の創設により，単に表記にとどまらず，概念の混用・混乱が起こりうる場合すら懸念されます。本来，こども政策を強力に推進していくために，そして何よりも支援の対象である子どもたちや子育て家庭にとってわかりやすく利用しやすい施策であるために，「こども」「子ども」「子供」の表記や概念の整理を早急に検討すべきであると考えます。

昨今，少子化が加速度的に進行し，人口減少社会への対応が政策課題となる中，少子化対策だけでなく，次世代を担う子どもたちの権利を具体的に保障するための施策や対策を講じることが，保育，子育て支援，障害児支援，社会的養護に共通する重要な課題となっています。また，そのためには，子ども・子育てをめぐって深刻な問題が発生してからの事後対応的な支援ではなく，問題そのものの発生防止や早期支援の観点に立って予防型支援を実質的に展開していくことが重要であると考えています。本書では，子どもはもちろんのこと，子育てを行う親を含み，子どもが育つ基盤である家庭全体を視野に入れて，家庭生活の維持・安定を目的として行われる子ども家庭支援のあり方について論じていきます。

2024 年 7 月

渡辺顕一郎

目　次

はじめに　i

第1章　子ども家庭支援の意義と役割 ……………………………………… I

第1節　家庭生活の成り立ちと変遷　I

1　「家族」「家庭」の定義　I
2　家庭生活の成り立ち　3
3　世帯類型の変化と家庭生活の多様化　4

第2節　子ども家庭支援の視点　6

1　ジェンダー・ギャップと性別役割分業　6
2　男女の機会均等化とワーク・ライフ・バランス　8
3　少子化対策及び子ども・子育て支援施策の充実　IO
4　子どもの権利保障の視点　II

第3節　子ども家庭支援の目的と機能　I2

1　子ども家庭支援の概念と目的　I2
2　子ども家庭支援の目標　I5
3　子ども家庭支援の機能　I6

第4節　支援者に求められる基本的態度　I9

1　親子にとって身近な場所での相談支援　I9
2　利用者理解と信頼関係の形成　20
3　アセスメントと守秘義務　2I

第2章 子育て家庭に対する支援の体制 25

第1節 子ども家庭支援をめぐる課題 25

1 未婚化・非婚化の進行 25
2 晩婚化・晩産化の進行 27
3 家庭の経済的困窮とひとり親家庭の状況 29
4 大規模な災害への対応 31

第2節 子ども・子育て支援をめぐる施策 34

1 少子化対策と子育て支援 34
2 これまでの少子化対策の取り組み 36
3 こども家庭庁の創設と今後のこども政策 39

第3節 地域における子ども・子育て支援の推進体制 40

1 地域における包括的支援 40
2 社会資源としての教育・保育施設 43
3 社会資源としての地域の子育て支援事業 48
4 その他の社会資源 56

第3章 保育・子育て支援における子ども家庭支援 60

第1節 子育て支援の必要性と基本的視点 60

1 子育て支援が必要とされる背景 60
2 地域における社会関係の希薄化 62
3 子育て支援の基本的視点 64

第2節 子ども家庭支援における保育所の役割 66

1 保育をめぐる動向 66
2 保育所保育指針に示された子育て支援の役割 68
3 幼保連携型認定こども園教育・保育要領に示された子育て支援 70

目次　v

　　4　保育所等が担う子育て支援をめぐる現状と課題　71

第3節　地域における子育て支援の役割　72

　　1　乳幼児期に子育て支援が必要とされる理由　72
　　2　地域子育て支援拠点とは　74
　　3　地域子育て支援拠点に求められる機能　74
　　4　地域子育て支援拠点における支援者の役割　76
　　5　多機能型の総合施設の取り組み　80

第4節　母子保健等の関係機関との連携　81

　　1　母子保健事業の役割　81
　　2　母子保健等の関係機関との連携による取り組み　82

第4章

障害児支援における子ども家庭支援 85

第1節　障害児とその家庭への支援の必要性　85

　　1　障害児をめぐる状況と権利保障　85
　　2　インクルージョンと合理的配慮　87
　　3　障害児支援における家族の位置づけ　89
　　4　家族のライフサイクルを見通した支援　90

第2節　障害児福祉制度と子ども家庭支援　92

　　1　子どもと家族に対する児童発達支援　92
　　2　家族の介護負担を軽減する居宅サービス等　94
　　3　相談支援事業所の役割　95

第3節　障害児支援との保育の連携　96

　　1　幼児期からの社会経験の積み重ね　96
　　2　保育における「気になる子ども」への対応　97
　　3　保育における合理的配慮　99
　　4　個別の事例に対応したコンサルテーション　100
　　5　保育実践におけるペアレント・トレーニングの可能性　103

第4節 「気になる」段階からの早期支援　104

   1　親の「気づき」の段階からの支援　104

   2　地域子育て支援拠点における早期支援　105

   3　地域の連携を高める　109

第5章 児童虐待への対応と子ども家庭支援 ……………… 112

第1節　児童虐待の現状とその防止　112

   1　児童虐待は増加しているのか　112

   2　児童虐待防止法による対策　114

   3　親子にとって身近な場所での相談支援　117

第2節　社会的養護における子ども家庭支援　118

   1　社会的養護をめぐる動向　118

   2　家庭養護の推進　120

   3　被虐待児の家庭養護に関する課題　122

第3節　子ども家庭支援における予防型支援　125

   1　児童虐待防止対策における市町村の働きとその強化　125

   2　身近な支援者の存在と予防型支援　126

   3　多様なニーズへの対応　129

おわりに　132

第 1 章 子ども家庭支援の意義と役割

　人間にとって家族は普遍的な存在ですが，家族形態や家庭生活のありようは一定ではなく，社会情勢や環境からの影響を受けつつ変化しています。少子高齢化に象徴される現代的な社会問題は，その一因として，家族自体が急速な変化を遂げてきたにもかかわらず，社会制度がその変化に対応できていない現状を反映しています。

　近年，少子化の進行だけでなく，子どもの貧困，虐待，障害等の問題がクローズアップされる中，子どもの育ちや子育てをめぐる多様な課題に対応する支援が求められています。本章でははじめに，家庭の定義やその成り立ちを踏まえた上で，子ども家庭支援の基本的な考え方について述べていきます。

第1節　家庭生活の成り立ちと変遷

1　「家族」「家庭」の定義

　「家族」とは，親族から成る小規模な共同体を指し，「家庭」は家族の生活の場（家）をも含む概念として捉えられることが一般的です。ただし，いずれも多義的に使用される言葉であり，「これが正解」といった唯一の定義が存在するわけではありません。

　森岡清美は，家族を「夫婦・親子・きょうだいなど少数の近親者を主要な成員とし，成員相互の深い感情的かかわりあいで結ばれた，幸福（well-being）追求の集団」と定義しています[1]。このように家族には，感情的な結びつきを基礎として互いに支えあい，よりよい生活や幸福を追求しようとする働きが備わっています。

　他方，「家族」に類似する概念として「世帯」があります。世帯とは「住居と生計を共にする者」を指し，住民票や生活保護などの基礎となる制度的単位です。たとえば，漫画『サザエさん』を例に，家族と世帯の違いについて考え

てみます。

　図1に示すように，サザエさん一家は磯野家・フグ田家の二世帯が同居する親族集団です。同じ屋根の下に住んでいても，サザエさんは結婚して「フグ田」の姓を名乗っていますから，世帯は別に構成されていると考えるのが一般的です。つまり，波平さんの収入によって生計を維持する「磯野家」，マスオさんの収入によって生活する「フグ田家」という捉え方です。

　一方，もしもタラちゃんに「あなたの家族は誰ですか」と尋ねてみれば，マスオさんとサザエさんだけではなくて，磯野家のみんなを含めて「僕の家族です」と答えるかもしれません。同様に，磯野家のメンバーに尋ねてみても，フグ田家を含めて「家族です」と答えるだろうと想像できます。このように「家族」は，制度の規定によって区分される「世帯」とは異なり，個人の主観によってその範囲が規定される側面があるといえます。つまり，個人が「家族」と認識する範囲は，単なる血縁・親族関係のみでなく，成員相互の感情的な結びつきの強さによっても規定されるのです。

　家族関係においては，嬉しい，楽しい，愛おしいなどの肯定的な感情だけでなく，悲しい，嫌い，憎いなどの否定的な感情の交流や対立が起こる場合もあります。このように多様な感情の交流によって結びついているのが家族の実の姿であり，それゆえに互いに無関心ではいられない存在であるともいえます。

　以上より本書では，家族を「共に生活する中で形成されてきた特有の関係性

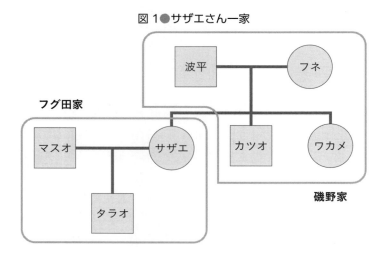

図1●サザエさん一家

に基づく近親者などによる集団」と定義します。「近親者など」というように「など」を加えたのは，近年，子どもの権利保障の観点から里親制度の拡充が図られており，血縁関係に基づかない「里親」「里子」という家族関係が重視されるようになっていることを含みます。また，家族が生活する場所としての「家」，そこで日々繰り返される生活の営みをも包含する概念として「家庭」という用語を使用することとします。

2　家庭生活の成り立ち

　それでは，現代の日本における「家族」や「家庭」の生活は，どのようにして成立してきたのでしょうか。ここではおもに近代から現代まで（明治時代以降）の歴史をたどってみます。

　日本の伝統的家族は「イエ」と呼ばれます。イエは，一人の子（長男などの跡継ぎ）が結婚後も親夫婦と同居することを原則とする家族です。そして，このパターンを繰り返すことによって，家族に属する財産・職業・社会的地位などが世代を超えて引き継がれてきました。このような家族形態を「直系家族」といいます。

　明治時代の旧民法においては，直系家族を軸とする家族制度が成立しました。これは「家（イエ）制度」と呼ばれ，家族員の居所の指定，結婚・養子縁組の同意権などの権限を戸主に与え，家系の存続を図るものでした。こうして家族は戸主の統率の下，財産を守り，職業（家業）を引き継ぎ，共同体を形成してきました。現代のように社会保障が発達していない時代ですから，老親の扶養・介護は親と同居する戸主やその妻の役割でした。他方，家督を継ぐ男性（戸主）に権限が集中していたため，夫婦・家族間の男女格差や，出生順位による不公平感を生み出してきた側面もあります。

　戦後（太平洋戦争の敗戦を契機に）家制度は廃止され，日本の家族は新しい局面を迎えることになります。たとえば，現在の民法においては，財産を相続する権利は配偶者及び子に対して公平に保証されていますし，結婚は本人同士の合意によってのみ成立します。また，戦後の高度経済成長期には，産業構造の変化に伴って都市部へと人口が集中し，核家族化が進むにつれて「夫婦家族」が台頭してきました。夫婦家族とは，子が親と同居せずに独立していく家族であり，夫婦の死亡によって消滅する一代限りの家族形態です。

　以上のような歴史の流れの中で，家族の生活の場である「家庭」の営みも大

きく変化してきました。かつては家庭において日常的に行われていた老親扶養・介護・子育てなどを，現代の核家族では家族員だけでは担いきれず，家庭内で完結させることが難しくなってきました。こうした変化に呼応するように，老人ホームや保育所などが社会的に整備され，伝統的な家庭の営みが外部化されてきたことが，現代の家族をめぐる特徴的な変化の1つであるといえます。

3 世帯類型の変化と家庭生活の多様化

　一般的に「家族」という場合，私たちは，夫婦（父・母）とその子どもから構成される核家族をイメージすることが多いのではないでしょうか。確かに戦後の高度経済成長期を経て核家族化が進行し，その一方で，いわゆる「三世代家族」と呼ばれる拡大家族は減少してきました。しかし，夫婦とその子どもから成る核家族が典型的な家族であるかと言えば，実際はそう言い切れない現状があります。

　図2の調査結果に示されているように，世帯類型を単位として家族の構成割合を見た場合，2015年時点で最も多いのが高齢者の一人暮らしを含む「単

図2●一般世帯総数・世帯類型の構成割合の推移

年	一般世帯総数
1990	40,670,475
1995	43,899,923
2000	46,782,383
2005	49,062,530
2010	51,842,307
2015	53,331,797
2040 推計	50,757,000

年	単独世帯	夫婦のみの世帯	夫婦と子供から成る世帯	ひとり親と子供から成る世帯	その他の世帯
1990	23.1	15.5	37.3	6.8	17.4
1995	25.6	17.3	34.2	7.0	15.8
2000	27.6	18.9	31.9	7.6	14.1
2005	29.5	19.6	29.8	8.3	12.8
2010	32.4	19.8	27.9	8.7	11.1
2015	34.6	20.1	26.9	8.9	9.4
2040推計	39.3	21.1	23.3	9.7	6.6

資料：2015年までは総務省統計「国勢調査」，2040年推計値は国立社会保障・人口問題研究所「日本の世帯数の将来推計（全国推計）」（平成30年推計）による。
（注）1990年は，「世帯の家族類型」旧分類区分に基づき集計。

（出典：厚生労働省「令和2年版厚生労働白書―令和時代の社会保障と働き方を考える―」）

独世帯」であり，全体のおよそ 1／3 強を占めています。他方，1990 年の調査では「夫婦と子どもから成る世帯」が最も多く約 37％を占めていたのですが，2015 年の調査では約 27％まで減少しています。なお，2040 年の推計では，単独世帯が今以上に増加して 4 割近くに達する見込みであり，ひとり親世帯も全体の約 1 割を占める予測となっています。

「夫婦家族」が浸透すれば，いずれ子どもは親と同居せずに独立していきますから，残された高齢の夫婦のみの世帯や，夫婦のどちらかが亡くなった後の高齢者の一人暮らしが増加することになります。これに加え，世界でも有数の長寿国であり，すでに超高齢社会に突入している日本では，さらなる高齢化の進展によって単独世帯が今後もますます増加する見込みとなっているのです。このように，子による扶養や介護を望めないどころか，いわゆる老老介護ですら難しい高齢者の単独世帯が急増する中，年金・介護などの社会保障制度の見直しや安定的な財政運営を図ることが国家的な課題となっています。

一方，少子化の進行だけでなく，そもそも一生結婚しない独身者が増加しており，結果的に子どもを育てる家庭が減少しています。たとえば出生数に関しては，1970 年代の第二次ベビーブームには約 209 万人の子どもが生まれた年がありましたが，近年では 2016 年に出生数が戦後初めて 100 万人台を割り込むようになりました。他方，2020 年の国勢調査に基づく生涯未婚率（50 歳時未婚率）は，男性 28.3％，女性 17.8％に達し，経済的な伸び悩みが続く 1990 年代以降に急速に上昇し続けています。こうして未婚の男女の一人暮らしが増加していることも，単独世帯が増加する要因となっているのです。

これまで述べてきたように，「特有の関係性に基づく近親者などによる集団」という従前からの家族の定義ではとらえきれない単独世帯が主流となり，人口の高齢化や少子化の進行も相まって，家庭の生活様式は多様化しています。伝統的な「三世代家族」も，夫婦とその子どもから成る「核家族」も，今や典型的な家族の姿ではありません。そのような現実状況において，少子化対策をより一層強化し，「結婚・出産・子育てに夢を持てる社会」を構築していくことが政策的に重要な課題となっています。

第2節　子ども家庭支援の視点

1　ジェンダー・ギャップと性別役割分業

「世界経済フォーラム」が2023年に発表した，男女格差を測るジェンダー・ギャップ指数（Gender Gap Index：GGI）では，日本は格差が大きい国として146か国中の125位にとどまり，先進諸国中では最下位でした[2]。ジェンダー・ギャップ指数は「教育」「健康」「経済」「政治」の4つの分野において評価されますが，日本は「教育」「健康」では世界トップクラスにあるものの，女性の「政治」参画が著しく低く，「経済」も調査国中の平均以下にとどまっています。

経済分野に目を向けると，近年では女性の就業率が急速に上昇し，とくに結婚・子育て期に相当する25〜44歳の女性では2021年に78.6%となり，男性の就業率との差は5ポイント程度にまで縮小しています（**図3**参照）。

その一方で，依然として男女の賃金格差は解消されておらず，同年の「賃金構造基本統計調査」によれば，女性の平均賃金は，男性の賃金の75.2%にとどまっています[3]。また**図4**に示したように，子どもがいる世帯では女性（母親）

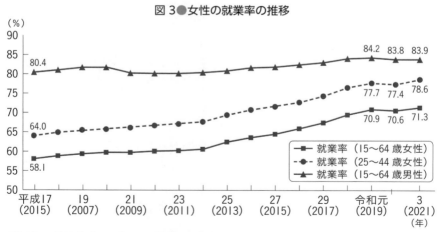

図3●女性の就業率の推移

（備考）1. 総務省「労働力調査（基本集計）」より作成。
　　　　2. 平成23年（2011）年の就職率は，総務省が補完的に推計した値。

（出典：内閣府「令和4年版男女共同参画白書」）

の非正規雇用の割合が高く，近年は3割台の後半で推移しています。こうした雇用をめぐる格差の背景には，保守的な性別役割分業が根強く残る日本の社会において，出産・育児期に仕事と家庭生活の両立に苦慮する女性の姿が垣間見えてきます。

先述のように，戦前までの「家（イエ）制度」の下で，男性は戸主として家業や財産を引き継いで家督を守るのに対して，女性は嫁いだ家において家事・育児・老親の介護を担うなど，「男は仕事，女は家事・育児」という家庭内の役割が定着しました。戦後，現在の民法の成立により家制度は廃止されましたが，高度経済成長期に代表される経済発展の過程において，男性の「サラリーマン化」や結婚した女性の「専業主婦化」が進み，保守的な性別役割分業がカタチを変えて社会に浸透してきた経緯があります。

1955年ごろから1973年ごろまで続いた高度経済成長期には，産業化の進行に加えて，高い水準の経済成長によって男性労働者の収入が持続的に上昇した結果として，妻を専業主婦にする条件を持つ男性が増加しました[4]。こうして結婚した女性は「妻として」「母として」もっぱら家庭内の役割を担う一方で，男性のような社会参加・参画の機会が平等に保障されず，政治や経済面での活躍の機会が制限されてきた側面があるのです。

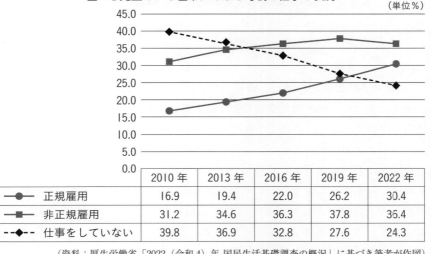

図4●児童のいる世帯における母親の仕事の状況

（単位％）

	2010年	2013年	2016年	2019年	2022年
正規雇用	16.9	19.4	22.0	26.2	30.4
非正規雇用	31.2	34.6	36.3	37.8	35.4
仕事をしていない	39.8	36.9	32.8	27.6	24.3

（資料：厚生労働省「2022（令和4）年 国民生活基礎調査の概況」に基づき筆者が作図）

2 男女の機会均等化とワーク・ライフ・バランス

　世界の動きに目を移すと，1970年代には欧米の先進諸国を中心に男女平等を訴える運動が活発になり，1981年には国連による女性差別撤廃条約（正式名称：女子に対するあらゆる形態の差別の撤廃に関する条約）が発効されました。日本政府は1985年にこの条約を批准し，翌年（1986年）に「男女雇用機会均等法」が施行されました。

　「男女雇用機会均等法」（正式名称：雇用の分野における男女の均等な機会及び待遇の確保等に関する法律）は，職場における男女の差別を禁止し，雇用における男女の機会均等と待遇の確保を定めた法律であり，制度が施行された当時は画期的でした。それ以前は，企業の総合職などは募集・採用段階から男性のみを対象とし，女性は応募すらできなかったり，就業規則において女性の定年退職年齢を30歳と規定するなど，今では考えられないような差別が存在していました。女性の仕事は「腰かけ」「お茶くみ」などとたとえられ，結婚するまでの短期間の雇用や，男性社員の仕事の補助業務にとどめておくなど，社会参画や活躍の機会が著しく制限されていたのです。

　1980年代には，欧米社会において女性の就業率が急速に伸びていく中，仕事と家庭の調和を実現しようとする「ワーク・ライフ・バランス」の考え方が発展してきました。日本でも，1999年に男女共同参画社会基本法が施行され，2007年に各業界・分野を代表する政府のトップ会議において「仕事と生活の調和（ワーク・ライフ・バランス）憲章」が策定されました。なお，この憲章の中では，仕事と生活の調和が実現した社会について，以下のように述べられています。

　「国民一人ひとりがやりがいや充実感を感じながら働き，仕事上の責任を果たすとともに，家庭や地域生活などにおいても，子育て期，中高年期といった人生の各段階に応じて多様な生き方が選択・実現できる社会」

　これらの政策動向によって，女性が職業を通して社会で活躍できる可能性が着実に拡がり，結婚後も働く女性が増えるにつれて家庭生活との両立が重視されるようにもなってきました。その半面で，女性の就業率の上昇に伴って保育所の待機児童問題が顕在化し，1992年に施行された「育児・介護休業法」に関しても男性の育児休業の取得率の低さが課題となるなど[5]，仕事と家庭生活の両立をめぐっては今も多くの問題が残されています。

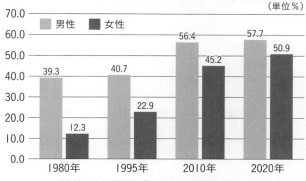

図5●男女別の4年制大学への進学率の推移

（資料：文部科学省「学校基本調査」に基づき筆者が作図）

　教育に目を移すと，1989年の学習指導要領の改訂によって，従前は男女別学だった中学校の「技術・家庭科」が男女共修となり，高等学校の「家庭科」も同様に男女共修に改められました。他方，1990年代以降，大学などの高等教育機関に進学する女性が増加し，4年制大学への女性の進学率は2020年に50.9％に達しています（図5参照）。このように義務教育段階から男女は平等と教えられ，高等教育を経て高度な知識や専門性を有する女性が次々に輩出されているのです。社会で活躍したいと希望するのは当然でしょう。

　ところが今なお，女性が子育てをするようになると，育児休業が十分に取得できない，保育所が定員いっぱいで入れないなど，自分の力だけでは解決できない問題が起こってきます。一方，仕事を退職して専業主婦になれば，周囲からの支えが得られず，家事と育児だけの孤立した生活の中に陥る傾向が高まっています。

　現代社会においては，自己実現を阻む様々な壁に行く手をふさがれ，息苦しさや閉塞感を感じる女性（母親）が増えているといえるでしょう。仕事と家庭生活の調和を目指すワーク・ライフ・バランスの理念は，今もなお実現には程遠いと言わざるを得ません。結婚・出産・子育てに夢を持てる社会を構築するためには，保育や育児休業等の施策の拡充が必須です。また，親族などの助けが得られない上に，父親不在の孤立した子育てを強いられる母親の存在が「ワンオペ育児」と呼ばれ，社会問題となる中，身近な地域における子育て支援施策の充実が求められています。

3 少子化対策及び子ども・子育て支援施策の充実

　保守的な性別役割分業が根強く残る日本の社会では，子育ての役割や負担が母親に集中しやすく，孤立した子育てを強いられる家庭が少なくないことが，少子化に拍車をかける要因の一つであるといえます。歯止めがかからない少子化の進行によって今後急速な人口減少が予測される中，少子化対策を強化し，子ども・子育て支援施策をより一層充実させることが喫緊の課題となっています。

　先述のように2016年に日本の出生数はおよそ97万7千人で戦後初めて百万人台を割り込みましたが，2022年の出生数は約77万人となり，百万人を割り込んでからの6年間でさらに21%減少しています。図6は，国立社会保障・人口問題研究所による将来推計人口（中位予測）を示しています。今後，出生率や出生数が飛躍的に向上しなければ，相対的に高い高齢化率に達したまま，人口そのものが急速に減少することが予測されます。当然ながら，年金や介護等の社会保障制度をどのように維持するのか，さらには生産年齢人口の減少を補う労働力の確保など，今以上に難しい対応を迫られることになるでしょう。

　少子化対策として「子どもを産み育てやすい社会」を構築することは，まさに待ったなしの課題です。加えて，次世代を担う子どもの「健やかな成長・発達が保障される社会」の実現に向けた変革も求められます。

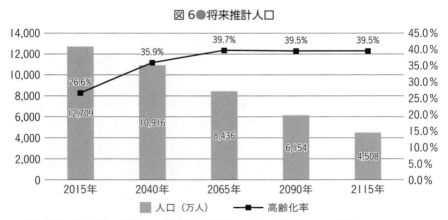

※出生中位，死亡中位，封鎖人口（国際人口移動をゼロとした場合）による推計
（資料：国立社会保障・人口問題研究所「日本の将来推計人口―平成29年推計―」に基づき筆者が作図）

このような中，国は2015年度から，幼児期の学校教育や保育，地域の子育て支援の量の拡充や質の向上を進めていくために「子ども・子育て支援新制度」をスタートさせ，2019年には幼児教育・保育の無償化にも踏み切りました。また，2015年度には「女性活躍推進法」（正式名称：女性の職業生活における活躍の推進に関する法律）が成立・施行され，行政機関だけでなく企業に対して，女性従業員の活躍を推進するための行動計画の策定や公表等が義務付けられました。こうした近年の政策動向については，少子化対策としてのねらいだけでなく，女性の労働力を積極的に確保しようとする政策的意図が読み取れます。従来からの保育の拡充に加え，女性の就労を政策面でも後押しすることによって，子育て家庭においては，子どもが幼い時期から共働きを前提とする生活様式へと移行しつつあるといえます。

4　子どもの権利保障の視点

社会状況や生活様式が大きく変化する中で，子育て当事者である親に対する支援だけでなく，親とは独立した人格と尊厳を持つ権利の主体として子どもをとらえ，その意義や重要性をふまえて支援を行うことが求められています。1989年に国際連合（以下，国連）で採択された「子どもの権利条約」（児童の権利に関する条約）は，「子どもの最善の利益」「子どもの意見の尊重」などの原則を柱とし，子どもの基本的人権を国際的に保障するために定められた条約です。ここでいう「条約」とは，国連とその加盟国との間の文書による合意であり，日本政府は1994年に批准しています。

2016年の児童福祉法の改正では，子どもの権利条約の原則を反映した条文の改正が行われました。端的にまとめると，同法の理念に「子どもの権利条約の精神にのっとり，すべての児童が適切な養育を受け，健やかな成長・発達や自立等を保障される」「児童の年齢及び発達の程度に応じて，その意見が尊重され，その最善の利益が優先して考慮され，健やかに育成されるよう努める」などの内容が加えられ，子どもの権利保障の視点が一層明確化されました。

なお，2023年度からは，「こどもの最善の利益を第一に考え，こどもに関する取組・政策を我が国社会の真ん中に据えて（以下「こどもまんなか社会」という。）」を目指す政策の新たな推進体制として，「こども家庭庁」が創設されました。こども家庭庁には，厚生労働省や内閣府などから子ども関連の部局を移管し，子どもをめぐる様々な問題への一元的な対応を目指す司令塔としての

役割が期待されています。これに併せて，制度・政策面においては，日本国憲法や子どもの権利条約で認められる子どもの権利を包括的に定め，国の基本方針を示す法律として「こども基本法」が制定されました。以下，こども基本法第3条に規定する6つの基本理念に関して，こども家庭庁がわかりやすい表現にまとめ直した文章を引用します[6]。

①すべてのこどもは大切にされ，基本的な人権が守られ，差別されないこと。
②すべてのこどもは，大事に育てられ，生活が守られ，愛され，保護される権利が守られ，平等に教育を受けられること。
③年齢や発達の程度により，自分に直接関係することに意見を言えたり，社会のさまざまな活動に参加できること。
④すべてのこどもは年齢や発達の程度に応じて，意見が尊重され，こどもの今とこれからにとって最もよいことが優先して考えられること。
⑤子育ては家庭を基本としながら，そのサポートが十分に行われ，家庭で育つことが難しいこどもも，家庭と同様の環境が確保されること。
⑥家庭や子育てに夢を持ち，喜びを感じられる社会をつくること。

上記のように「こども基本法」は，子どもの権利について基本的な視点を明示するとともに，子育て家庭へのサポートや，子育てに夢を持てる社会の構築といった家庭支援の視点についても言及しているのが特徴だといえます。

第3節　子ども家庭支援の目的と機能

1　子ども家庭支援の概念と目的

伝統的に「家族は福祉の"含み資産"」と言われてきたように，日本の社会保障・福祉制度は家族を中心とする親族間の助け合いを前提とし，それが難しい場合に公的な支援を実施してきました。見方を変えるなら，従来の福祉制度において家族は，子どもの養育や老親の扶養・介護等を担う福祉の「担い手」として位置づけられ，支援の「対象」として見なされることが少なかったといえます。

たとえば，かつて高齢の親と子が同居する三世代家族が主流だった時代には，「親の扶養は長男の役目であり，親の介護は長男の配偶者（嫁）がするも

の」という規範が強かったため，介護問題は家族内で対応するのが当然とされていました。過酷な介護の問題は「嫁の問題」として，事実上，不可視化されていたのです[7]。

また，現行の生活保護制度は民法に定める扶養義務を前提としており，扶養義務者から援助を受けてもなお最低限の生活を営むことができない場合に保護を受けることができます。つまり，生活保護を受給するためには，まずは助けてくれる親族（扶養義務者）がいれば，その人からの援助を受けることが前提条件となっています。

民法では扶養義務者の範囲を「直系血族及び兄弟姉妹は，互いに扶養をする義務がある」と規定しており，特別な事情がある場合には，家庭裁判所は三親等内の親族間においても扶養の義務を負わせることができます。これに対して欧米の先進諸国では，各国の社会制度に沿って扶養義務があるものの，その範囲は夫婦間と未成年の子どもに限っている場合が多く，親や兄弟姉妹に対してまで扶養義務がある国はあまり見られません[8]。このように，日本の社会制度の特徴の一つとして，今もなお親族間での自助や互助への要求度が高いといえます。

海外に目を移すと，アメリカやカナダでは，1980年代以降に「ファミリーサポート」（family support）の実践が体系化され，親教育，レスパイトケア（ケアの一時的な代行），親子で利用できるドロップ・イン・センター，アウトリーチ（家庭訪問等）などの様々な支援が展開されるようになりました。ファミリーサポートは，日本の「子育て支援」とも類似する概念ですが，政策的に少子化対策に位置づけられてきた日本の子育て支援とは異なり，子育て家庭に対する予防的な支援として発展してきたという経緯があります[9]。

日本ではおもに1990年代以降，少子高齢化の進展に伴って家族介護の限界が指摘され，育児不安や児童虐待などの問題も顕在化するにつれて，従来型の社会福祉制度が現実の家庭生活の変化に対応できていないことが明らかになってきました。こうして制度の限界が露呈する中で，家族を社会的に支援する必要性が広く認識されるようになってきたのです。平成8年（1996年）度版「厚生白書」では，「家族と社会保障」をテーマとし，国として「社会保障制度は家族を社会的に支援する機能を有して」いるという見解が示されました。こうして家族は単に福祉・介護の担い手でもなく，個人の背景要因でもなく，支援の対象として見なされるようになってきました。

従来からの児童福祉に代わって，近年，社会福祉分野に浸透してきた「子ども家庭福祉」とは，子どもを直接のサービスの対象とする児童福祉の視点を超え，子どもが生活し成長する家庭をも福祉サービスの対象として認識していこうとする考え方です[10]。本書では，社会福祉分野における「子ども家庭福祉」を，児童福祉と家庭支援を一体的に推進しようとする政策・実践領域として位置づけます。その上で「子ども家庭支援」については，子ども・子育てをめぐる様々な問題に対して，子育て家庭を対象とし，家庭生活の維持・安定を目的として行われる支援の総称と捉えます。したがって，子どもにとっての養育環境としてだけでなく，子どもとともに生活する家族のニーズをも視野に入れ，家庭生活の全体的な調和を図ることを重視します。

しばしば児童福祉や子育て支援の現場では，支援の対象は「子どもか，親か」という二分論的な議論に突き当たることがあります。たとえば，子どもが虐待を受けている事例においては，ときには親の意に反してでも，施設入所の措置をとることが必要になります。しかし，子どもを被害者，親を加害者ととらえるだけでは，子どもの安全を保障することはできても，家庭復帰や家族再統合の見通しは立ちません。虐待という行為そのものは批判を受けて当然ですが，その背景にある親の生育歴や生活状況を把握し，親も支援の対象として見なすことが重要です。親子のどちらか一方だけを擁護し，利益を優先することが，かえって家族関係を複雑にすることもあります。

家庭生活において，対立や葛藤を完全に回避することはできません。家族間の日常的なけんかや対立などは，むしろ自然なことだといえるでしょう。家族間のしっかりとした信頼関係やきずなが基本にあれば，家庭生活に大きな支障をもたらすことなく対立を乗り越えていくことができます。子ども家庭支援が目指すところは，子どもにとっても，親にとっても調和の取れた家庭生活であるといえます。

欧米におけるソーシャルワークの実践では，全体としての家族（family as a whole）という考え方が大切にされてきました。家族を一つの"単位"あるいは"システム"としてとらえると，結婚，出産，育児，子どもの自立，夫婦の老いなどを経験する中で，全体として家族が成長する過程が見えてきます。家庭生活の調和を維持しつつ，様々な困難を乗り越える中で，家族全体が発達を遂げる過程を見守るような視点が重視されるべきです。

2　子ども家庭支援の目標

　前項で，子ども家庭支援について，「子ども・子育てをめぐる様々な問題に対して，子育て家庭を対象とし，家庭生活の維持・安定を目的として行われる支援の総称」と定義しました。ここでは，子ども家庭支援が何を目指すのかについて，さらに考察を加えていきます。**図7**は，社会福祉分野に共通する支援の目標をあらわしています。ピラミッド状の三角形の図は，上段にいくほど高次元の生活欲求に対応する目標を示しています。

図7●子ども家庭支援の視点

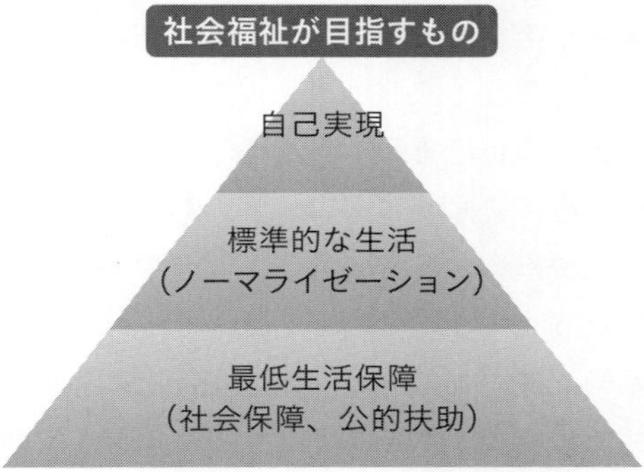

社会福祉が目指すもの

自己実現

標準的な生活
（ノーマライゼーション）

最低生活保障
（社会保障、公的扶助）

　まず，三角形の底部を構成するのは「最低生活保障」の原理です。この根幹を成すのが，日本国憲法第25条の「生存権」の規定です。生存権とは「健康で文化的な最低限度の生活を営む権利」を指し，憲法には生存権保障に関する国の義務も規定されています。公的な社会保障・社会福祉制度は，この生存権の理念に基づいて，国民の最低生活保障を実現する手段として成立し存続してきたともいえます。

　年金・医療・介護などの社会保障が整備され，生活保護等のセーフティーネットが用意されていることは，人々が安心して社会生活を営むために必要不可欠な条件です。しかし，個人の社会生活において，最低限度の生活さえ保障されていれば幸福であるかと問われれば，必ずしもそうではありません。人間には最低限度を超えて，標準的な，普通の生活を指向する欲求があります。かつて障害福祉分野に端を発し，今では社会福祉分野の共通理念となった「ノーマライゼーション」は，誰もが標準的な生活を営むことができる社会を理想と

する考え方です。

　さらに社会福祉が目指すものの上位には，個人の自己実現があります。自己実現の欲求とは，未だ実現されない自己の可能性を最大限に成就したいという欲求です。たとえば，標準以上の生活を送ってさえいれば人間が幸福であるならば，うつなどの精神疾患，引きこもり，自殺などの社会問題が，経済的に裕福な所得層を含めてあらゆる階層で発生する理由が説明できません。自己実現は基本的な欲求であるがゆえに，誰もが自分らしい生き方を追求し，それが難しい場合には深い悩みや葛藤を経験します。そのような意味で，自己実現を側面的に支えることも，社会福祉の重要な目標として位置づけることができます。

　これまで述べてきた社会福祉の目標に沿って考えるならば，子ども家庭支援が目指すものも，①最低限度の家庭生活の保障，②標準的な家庭生活の保障，③家庭生活における個人の自己実現の３つのレベルに分けることができます。支援を行う場合には，各々の家庭においてどのレベルの問題が生じているかを見極め，そこから問題解決を図る必要性がありますが，究極的には個人の自己実現を目指すことになります。

　本書での子ども家庭支援の捉え方は，家族集団そのものの存続を第一としてきた伝統的な価値観ではなく，個を基本とする家族観に立脚しています。家庭生活においては，家族の続柄・出生順位・扶養関係・性別などにかかわりなく，家族員が平等に尊重され，自らの生き方を主体的に選択できることが大切です。家族の自助・互助を大切にしつつも，家族集団の力学によって個人の意思や欲求が抑圧されないように支援することを基本とします。

3　子ども家庭支援の機能

　従来からの児童福祉の視点に加えて，子どもが育つ家庭も福祉サービスの対象に位置づける「子ども家庭福祉」の視点に立てば，地域における保育や子育て支援から，社会的養護や障害児福祉における保護的対応までを網羅的に捉えることが大切です。経済的困窮により家庭での養育が著しく困難であったり，児童虐待などによって子どもの心身の発達に影響が及ぶことが懸念される場合には，子どもを家庭から一時的に分離し，児童養護施設への措置や里親委託などの保護的対応が必要になります。また，その後の支援によって生活状況や養育環境が改善されれば，施設等に措置されている子どもを元の家庭に戻してい

図8●危機のプロセスと支援の目標

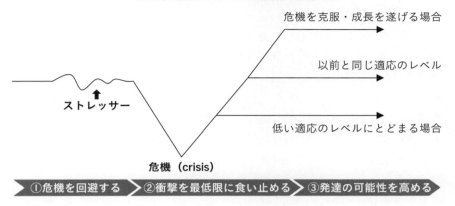

くように家族再統合を図ることも、子ども家庭福祉における対応としては重要です。

これに対して、本書では「子ども家庭支援」の機能として、子どもの権利を侵害するような問題の発生自体を防止し、家庭生活の安定を脅かすようなリスクの軽減を図るなど、保護的対応よりも予防的支援を重視します。

「子ども家庭福祉」と「子ども家庭支援」の相違について考察を深めるために、ここでは家族社会学の始祖とも呼ばれる代表的な研究者であるヒル（Hill, R）が、70年以上前に構築した理論に着目します。図8は、ヒルが提唱した「ローラーコースター・モデル」[11]と呼ばれる家族危機のプロセスを示す理論モデルに、筆者が改良を加えたものです。危機とは、一定の適応レベルを保っていた家族が、何らかのストレッサー（生活上の変化・出来事）によってそのバランスを大きく崩した状態を指します。ただし、危機は永続的なものではなく、通常、家族は何らかの対処を図って適応のバランスを回復しようとします。

図中では、家庭生活のバランスが崩れて危機状況に陥った後に、三段階の適応レベルを書き加えています。危機後の適応が低いレベルでとどまる場合には、家族の状態は脆弱で、再び危機に陥るリスクが高くなります。したがって、危機介入などの支援を行う場合の目標は、最低限、以前と同じ適応のレベルにまで回復を促すことです。そして、できる限り、それ以上の適応レベルを達成し、家族が危機を克服して成長を遂げる可能性を高めることが、支援にお

ける望ましい目標であるといえます。

　このような危機のプロセスに沿って，各段階での支援に求められる機能（働き）を捉えるならば，図に示したように，危機には陥っていないがそのリスクが高い状態では「①危機を回避する」ことが重要です。次に，危機状況の真っただ中にある段階では，家族員が著しいダメージを被ったり，家庭そのものが崩壊しないように「②衝撃を最低限に食い止める」ことが必要です。危機後の段階では，家族内外の資源を活用して危機に対処することにより，「③発達の可能性を高める」ことが目標として位置づけられます。

　先述のように，子ども家庭福祉においては保育や子育て支援から，社会的養護や障害児福祉における保護的対応までを網羅的に捉えることが必要です。これを危機のプロセスに沿って捉えなおすならば，「①危機を回避する」➡「②衝撃を最低限に食い止める」➡「③発達の可能性を高める」までを網羅すると言い換えてもよいでしょう。これに対して子ども家庭支援は，そもそも家族が危機的な状況に陥らないよう，「①危機を回避する」段階を中心に予防的な支援を行うことがおもな働きであると考えます。

　近年，地域保健活動や社会福祉分野において「ポピュレーションアプローチ」という考え方が注目されています。「ポピュレーションアプローチ」は医療・公衆衛生において発達してきた概念ですが，最近では児童虐待防止などの対応をめぐって，母子保健や子育て支援などの分野においても用いられるようになっています。たとえば，すでに起こっている虐待のリスクに対してアプローチする「ハイリスクアプローチ」に対して，その前段階でリスクの発生を防止するのが「ポピュレーションアプローチ」です。前者が2次予防（問題の早期発見・早期支援）に位置づけられるのに対して，後者は1次予防（問題の発生防止）の働きを担うものとして捉えられます。

　本書では，「子ども家庭支援」の機能として，地域で生活する家庭を対象にポピュレーションアプローチに努め，必要に応じてリスクが高い家庭に対してもハイリスクアプローチを担い，家族が危機的状況に陥らないよう予防的支援を行う働きを重視します。なお，制度面においては，2024年度から，市町村に対して，子育て家庭へのポピュレーションアプローチとハイリスクアプローチの機能を一体的に有する「こども家庭センター」の設置が努力義務化されました（この点については第2章で後述します）。このように，児童福祉行政においても従来型の保護的対応だけでなく，基礎自治体である市町村に対して母

子保健や子育て支援による包括的な支援体制を構築し，予防的支援や早期支援に努めることが求められています。

第4節　支援者に求められる基本的態度

1　親子にとって身近な場所での相談支援

　子ども家庭支援においては，一人ひとりの子どもの権利が尊重され，健やかな成長・発達が保障されるように支援していくことは当然ですが，併せて子どもが育つ家庭環境に注目し，親などの養育者に対する支援を行うことも重要です。そのような意味で，子ども家庭支援におけるサービスの利用者は，子どもだけでなく，子どもを育てる親（家庭事情によってはその他の親族や里親など）を含みます。とりわけ，児童相談所や保健センターのような相談機関においては，相談支援の対象となる直接的な利用者は親などの養育者です。

　都道府県や市町村には，様々な相談機関が設置されています。児童相談所，福祉事務所，市町村の担当課や保健センターなどは，いずれも家庭生活にかかわる相談支援に対応する行政機関です。他にも障害児支援の中核を担う児童発達支援センター，福祉事務所に設置された家庭児童相談室などもあります。また，発達障害，保護者の精神疾患，配偶者暴力（DV）への対応が社会的課題となる中で，都道府県などに設置される発達障害者支援センター，精神保健福祉センター，配偶者暴力相談支援センターも，子ども家庭福祉に関連する相談機関として重要性が高まっています。

　ただし，これらの相談機関の窓口を，親が自発的に訪れるケースは決して多くはありません。乳幼児健診などで保健師に紹介されたり，子どもが通う保育所や学校の先生から促されたりして，心のどこかに抵抗感を感じながら勇気を振り絞って相談機関に足を運ぶ場合もあります。とくに行政機関の場合，子育て中の親にとっては敷居が高く感じられることに加えて，専門の相談機関であるほど「深刻な問題」を扱うというイメージもあるため，気軽に相談に訪れる場所としては認識されていないのです。実際，自治体の政策立案のために子育て家庭へのアンケート調査を行うと，各所に相談機関が設置されているにもかかわらず，「気軽に相談できる場所がほしい」との要望が寄せられることがあります。

予防を指向する子ども家庭支援の観点に立てば，子育て家庭にとってより身近に感じられる地域子育て支援拠点（子育て支援センターなど）や利用者支援事業において，相談支援に取り組むことが重要です。深刻な問題を抱える事例であるほど，専門の相談機関との連携が必要になりますが，そのような専門的な支援への入口・導入部分を子育て支援事業が担うことが大切です。

また，幼稚園・保育所・認定こども園などの就学前施設は子どもが日々通う場であり，保護者も送迎の際などに施設の保育者と日常的に顔を合わせるだけに，より身近に感じられる施設です。家庭と同様に子どもの様子を見守る立場にあることから，保護者の子育てに寄り添うパートナーにもなり得る存在です。就学前施設の保育者は，日常的かつ継続的に家庭とかかわることができる特性を生かし，保護者が子育ての悩みや問題を抱える場合に，気兼ねなく相談できるような関係を形成することが求められます。

2　利用者理解と信頼関係の形成

子どもとその家庭を支えるとき，そこにかかわる専門職や地域の人たちのまなざしが問われるように思います。昔から「近頃の親は…（できない）」という批判をよく耳にしましたが，最近では「モンスターペアレント」「クレーマー」「虐待をしている親」などが付け加わりました。専門職が集まる会合では，結局そのような家庭批判に終始することもあります。

しかし，子どもの問題の背景にある状況，当事者の心理，そして何よりも家庭にかかわる支援者自身のありように目を向けなければ本質は見えてきません。利用者理解に努めるならば，まずは他者にかかわる支援者自身の共感性が問われます。支援者が，個人的な感情のままで利用者に接していては，相手を受容することはできません。そのような意味で，支援者は自分自身の感情や行動について意識的であることが必要です。

子ども家庭支援においては，支援者には家族にとって最大の理解者であることが求められます。たとえば，児童虐待という行為そのものは批判を受けても当然ですが，親をたんに加害者として見なすだけでは支援を行うことは難しくなります。親も家庭生活の中で様々なストレスを抱え，不安や緊張感にさらされている被害者であるという見方もできます。

支援者として目を向けなくてはならないのは，問題の背景にある要因です。ただし，利用者が必ずしも自分が経験している心情や問題状況について，率直

に話してくれるとは限りません。悩みや不安が深いほど，打ち明けたときに支援者が受け入れてくれないのではないか，あるいは批判を受けるのではないかという心配を抱く場合があります。したがって利用者理解のためには，相手を受容し，共感的理解を示しながら，まずはしっかりとした信頼関係を形成することが大切なのです。

　また，子育て家庭に対する予防的支援を実践するためには，利用者の短所や病理的な側面に着目するよりも，むしろ健康的な側面や「成長する力」を信じることが重要です。子ども家庭支援においては，親子の成長を阻む要因の解決に努め，親として学びを得る機会をつくりだし，潜在的な力を引き出す働きが求められます。このような働きかけを，ソーシャルワークや心理学，医療・看護などの隣接領域では「エンパワメント」と呼んでいます。

　支援者は，専門職であるがゆえに助言・指導に偏る傾向があります。しかしこのような場合，利用者が自ら考え行動することを避けて，支援者に過度に依存してしまう場合も生じてきます。むしろ，利用者が自分の力で悩みを克服していく過程に寄り添い，見守る働きが重要です。子育て中の親にとっては，水平・対等な関係の中で，弱音を吐き出せたり，助けてほしいと言える他者の存在が大きな安心感をもたらします。自分でも認めたくない短所をさらけ出した時に，諭されたり指導されるのではなく，ありのままに受容される経験こそが人格的な成長をもたらすきっかけとなります。支援者が，子どもに対して受容的な親になってほしいと思うのなら，まずは親自身が他者に受容される経験を必要とするのです。

3　アセスメントと守秘義務

　親が抱える悩みの背景には，子どもとの関係だけでなく，夫婦間の不和や家庭の孤立，家庭の経済的問題，親の生育歴などが複雑に絡んでいる場合があります。家庭生活における問題は，子どもや家庭内の様々な要因，さらには家庭を取り巻く社会的要因も複雑に関係しあって起こってくるために，それらについて入念なアセスメント（事前評価）を行うことが必要になります。

　図9は，ソーシャルワークにおける一般的な援助プロセスを示しています。インテーク（相談受理）から終結にいたるまで計画的な支援が必要であり，事後に十分な効果が認められなければ，繰り返し継続的に支援が行われる場合もあります。このプロセスの中に見るように，アセスメントは場当たり的でな

図9●ソーシャルワークの援助プロセス

い，見通しを持った計画的な援助において必須であることが理解できます。

　通常，家庭生活に関するアセスメントの範囲は，以下のような多様な側面に及びます。

　①家庭が直面している問題（あるいはニーズ）
　②親や子どもの心理状態
　③親や子どもの属性（能力，性格傾向，発達・健康状態など）
　④家族関係の評価
　⑤家族の生活史（ライフヒストリー）の評価
　⑥家族の社会関係に関する評価
　⑦経済状況（収入，資産など）に関する評価

　また，アセスメントに際しては，利用者との信頼関係を形成しつつ，受容的・共感的態度で接しながら，得られた情報については守秘義務を順守しなくてはなりません。具体的な情報収集の方法としては，以下の5点を挙げておきます。

　①利用者からの聞き取り
　②家庭訪問
　③評価のための道具（ツール）の活用
　④家族面接等における観察
　⑤関係者，関係機関からの情報提供

　なお，守秘義務に関しては，たとえば社会福祉分野であれば「社会福祉士及び介護福祉士法」において「社会福祉士又は介護福祉士は，正当な理由がな

く，その業務に関して知り得た人の秘密を漏らしてはならない」と規定されています。このように法律に定められた守秘義務以外にも，社会福祉士の職能団体である公益財団法人日本社会福祉士会による倫理綱領には「プライバシーの尊重と秘密の保持」に関する規定があります。同様に介護福祉士も，公益財団法人日本介護福祉士会による倫理綱領に守秘義務を規定しています[12]。

その他，社会福祉分野には，事業種別において個人情報の扱いや守秘義務について規定している場合もあります。たとえば，障害児支援における「児童発達支援ガイドライン」では，「職員は，関係機関・団体に子ども又はその家族に関する情報を提供する際は，あらかじめ文書により保護者等の同意を得ておかなければならない」とし，他の関係機関との情報共有に際して，利用者との間で事前に文書による合意を求めています。一方で，子育て支援における「利用者支援事業実施要綱」では「正当な理由なく，その業務上知り得た利用者又はその家族の秘密を漏らしてはならない」としながらも，「このことにより，同じく守秘義務が課せられた地域子育て支援拠点や市町村の職員などと情報交換や共有し，連携を図ること」と述べており，他の専門職と連帯して秘密を保持することによって情報共有を行う可能性に言及しています[13]。このように，守秘義務の範囲や扱いについては，その根拠となる法律や倫理規定などによって若干異なる場合がありますので，まずは支援者自身の資格や職種等に沿って，守秘義務の規定を理解しておくことが必要です。

ただし，例外的に「児童虐待の防止等に関する法律」では，虐待を受けたと思われる子どもを発見した者は，児童相談所または福祉事務所に通告することとなっています（通告義務）。この場合，法律や倫理規定などにおける守秘義務規定は適用されません。このように通告を要するような深刻なケースへの対応を事前に想定し，普段から児童相談所や福祉事務所などの関係機関との連携を深めておくことも重要です[14]。

〔注〕
1) 森岡清美（1997）「家族をどうとらえるか」森岡清美・望月嵩『新しい家族社会学 四訂版』培風館.
2) 世界経済フォーラム（2023）「グローバル・ジェンダー・ギャップ報告書（Global Gender Gap Report 2023）」
3) 厚生労働省（2021）「令和3年賃金構造基本統計調査の概況」
4) 松木洋人（2017）「日本社会の家族変動」永田夏来・松木洋人編『入門　家族社会学』

新泉社.

5) 育児・介護休業法の正式名称は「育児休業，介護休業等育児又は家族介護を行う労働者の福祉に関する法律」．なお，2022年度の育児休業取得率は女性が80.2%に対して，男性は17.1%にとどまっている．

6) こども家庭庁のホームページより，こども基本法の概要の説明を引用した．（https://www.cfa.go.jp/policies/kodomo-kihon/）

7) 岩間暁子（2022）「『家族』を読み解くために」岩間暁子・大和礼子・田間泰子『問いからはじめる家族社会学［改訂版］―多様化する家族の包摂に向けて―』有斐閣.

8) 扶養義務の範囲の国際比較に関しては，UFJ総合研究所（2004）『我が国の生活保護制度の諸問題にかかる主要各国の公的扶助制度の比較に関する調査報告書』（厚生労働省提出資料）を参考にした．

9) 渡辺顕一郎（2009）『子ども家庭福祉の基本と実践―子育て支援・障害児支援・虐待予防を中心に―』金子書房.

10) 柏女霊峰（2008）『子ども家庭福祉サービス供給体制―切れめのない支援をめざして―』中央法規出版.

11) Hill, R. (1949) Families under stress: Adjustment to the crises of war separation and return, Harper and Brothers.

12) 社会福祉士の倫理綱領において，「社会福祉士は，クライエントのプライバシーを尊重し秘密を保持する」と規定している．また日本介護福祉士会倫理綱領では「利用者のプライバシーの権利を擁護し，業務上知り得た個人情報について業務中か否かを問わず，秘密を保持する」以外に，利用者の同意，記録の保管・廃棄等に関する諸規定も設けている．なお両資格共に，業務を退いた後も秘密を保持することとなっている．

13)「児童発達支援ガイドライン」（厚生労働省通知）は，児童発達支援の質の向上を図るため平成29年（2017年）に公表された．また「利用者支援事業実施要綱」は，内閣府，文部科学省，厚生労働省の3省庁の連名より，平成27年（2015年）に通知，公表された．

14) 渡辺顕一郎・橋本真紀編著，NPO法人子育てひろば全国連絡協議会編集（2023）『詳解 地域子育て支援拠点ガイドラインの手引（第4版）―子ども家庭福祉の制度・実践をふまえて―』中央法規出版.

第2章　子育て家庭に対する支援の体制

　前章で述べてきたように，急速な少子化の進行だけでなく，子どもの貧困，虐待，障害等の子育てをめぐる問題がクローズアップされる中，子どもの育ちや子育てをめぐる多様な課題に対応する支援が求められています。本章では，子どもの育ちや家庭生活に影響を与える近年の社会的変化をふまえた上で，子ども家庭支援に関する制度・政策動向やその課題に言及し，子育て家庭に対する効果的な支援のあり方やその推進体制について考察していきます。

第1節　子ども家庭支援をめぐる課題

1　未婚化・非婚化の進行

　近年，結婚をめぐる状況が大きく変化してきました。「婚活」なる言葉がブームとなり，熱心に「活動」しなければ，なかなか結婚できない……そんな時代が来ています。前章でも述べたように，2020年の国勢調査に基づく生涯未婚率（50歳時未婚率）は，男性28.3％，女性17.8％に達しています。

　図10は，日本における1950年代以降の生涯未婚率の推移を示しています。とくに，経済的な伸び悩みが続く1990年代以降，男性の生涯未婚率が急速に上昇し始め，続いて2000年代に入ると男性を追いかけるように女性の生涯未婚率も上昇しています。このように，一生結婚しない生涯未婚率（統計上は50歳になった時点で一度も結婚したことがない人の割合）の推移に象徴されるように，未婚化の進行が少子化の一因にもなっています。

　統計上は「未婚率」の割合に含まれる未婚の独身者の中でも，個人の意思に基づいて，あえて結婚を選択しないという場合には「非婚」という言葉を使います。それでは，男女の未婚化・非婚化が進行する背景には，どのような要因があるのでしょうか？

　2021年に，内閣府が全国の20代から60代の男女2万人を対象に行った調

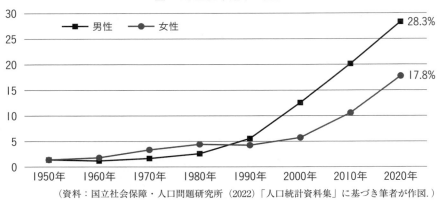

図10 ●生涯未婚率の推移

（資料：国立社会保障・人口問題研究所（2022）「人口統計資料集」に基づき筆者が作図.）

査において，4,722人の独身者が回答した「積極的に結婚したいと思わない理由」が公表されています[1]。**図11**は，この調査結果に基づいて，性別・年代別に「積極的に結婚したいと思わない理由」の上位から5位までを抜粋したものです。

　図に示すように，性別・年代を問わず「結婚に縛られたくない，自由でいたいから」がトップです。つまり，多くの独身の男女が，結婚生活について「自由が奪われる」という拘束感を抱いているといえるでしょう。また，男性の場合，20～39歳，40～69歳のいずれの年代でも，3位に「結婚生活を送る経済力がない・仕事が不安定だから」という経済的理由が挙がってくるのが特徴的です。これに対して，女性の20～39歳の年代では，5位に「仕事・家事・育児・介護を背負うことになるから」が挙がっています。

　この調査結果からは，結婚をしない理由として，男女を問わず「家庭に縛られたくない」という意識が見えてきます。経済的自立という意味では，現代では未婚女性の多くが働いて収入を得ています。むしろ，結婚によって家事・育児などの家庭の役割を一手に担うことにより，仕事を続けられなくなる可能性があります。男性の場合は，いわゆる「一家の大黒柱」として家計を支える経済力にこだわるほど，近年の厳しい経済状況の下では結婚に踏み切る自信が持てなくなります。かつての高度経済成長期のように「男は仕事，女は家事・育児」という性別役割分業は，これから結婚しようとする世代がイメージする家庭生活にはマッチしなくなっています。保守的な性別役割分業に縛られない新

第2章　子育て家庭に対する支援の体制　27

図 11●積極的に結婚したいと思わない理由
(「当てはまる」と「やや当てはまる」の累計値)

| | | 積極的には結婚したいと思わない理由 | | | | |
		1位	2位	3位	4位	5位
20〜39歳	女性(n=808)	結婚に縛られたくない、自由でいたいから(48.9%)	結婚するほど好きな人に巡り合っていないから(48.8%)	結婚という形式に拘る必要性を感じないから(41.0%)	結婚相手として条件をクリアできる人に巡り合えそうにないから(38.7%)	仕事・家事・育児・介護を背負うことになるから(38.6%)
	男性(n=1,052)	結婚に縛られたくない、自由でいたいから(37.0%)	結婚するほど好きな人に巡り合っていないから(36.2%)	結婚生活を送る経済力がない・仕事が不安定だから(36.0%)	今のままの生活を続けた方が安心だから(31.7%)	結婚という形式に拘る必要性を感じないから(28.6%)
40〜69歳	女性(n=1,520)	結婚に縛られたくない、自由でいたいから(60.7%)	結婚するほど好きな人に巡り合っていないから(58.8%)	結婚という形式に拘る必要性を感じないから(55.6%)	今のままの生活を続けた方が安心だから(54.0%)	結婚相手として条件をクリアできる人に巡り合えそうにないから(51.6%)
	男性(n=1,342)	結婚に縛られたくない、自由でいたいから(44.1%)	結婚するほど好きな人に巡り合っていないから(43.2%)	結婚生活を送る経済力がない・仕事が不安定だから(40.9%)	今のままの生活を続けた方が安心だから(38.1%)	結婚相手として条件をクリアできる人に巡り合えそうにないから(37.9%)

(資料：株式会社マーケティング・コミュニケーションズ (2022)「令和3年度 人生100年時代における結婚・仕事・収入に関する調査報告書」(令和3年度内閣府委託調査) に基づき筆者が作図. なお, 図中の網掛けは筆者が付した.)

しい家庭モデルを追求しなければ，今後も結婚して家庭を持つことに踏み切れない人たちが増え続けるかもしれません。

2　晩婚化・晩産化の進行

結婚をめぐる事情の変化は，家族を構成する年齢層にも影響を与えています。幼い子の親＝若い親といった従来のイメージでは捉えられなくなっているのです。

晩婚化とともに晩産化が進み，第1子出生時の母の平均年齢は，昭和50 (1975) 年では25.7歳でしたが，令和5 (2023) 年は31.0歳に達しています[2]。

表1は母の年齢（5歳階級）別にみた出生数の年次推移です。少子化により全体的に出生数は減少傾向にありますが、45歳〜49歳、50歳以上に着目してみると、年次により微減することがあるものの増加傾向を示しています。このように、20歳未満で出産する人もいれば、40歳を過ぎて出産する人もいます。管理職になった40代で第一子を出産し、子育てと同時に老親介護も担う「ダブルケア」を行うケースや、親に加え、祖父母や自身のパートナーなどの家族の介護や看護をする「トリプルケア」を行うケースも決して珍しくはありません。

　こうした変化に伴い、祖父母世代の年齢層も次第に幅広くなってきました。40代の働き盛りの祖父母もいれば、70代、80代以上で初孫が生まれる人もいます。とりわけ晩婚・晩産化に伴う祖父母世代の高齢化は、子どもを産み育てる親世代にとっては、世代を超えて育児の手助けを得ることを難しくさせます。祖父母世代の高齢化が進むほど、孫の面倒をみるよりも、祖父母自身が日常生活において介護等の手助けを必要とする可能性が高くなるからです。核家族化によって祖父母が身近にいない家庭が増えてきたというだけでなく、祖父母世代の高齢化に伴い、同居の親族間でも子育ての支えを得ることが難しくなっているといえるでしょう。

表1●母の年齢（5歳階級）別にみた出生数の年次推移

（単位：人）

母の年齢	昭和60年(1985)	平成7年('95)	12年(2000)	17年('05)	22年('10)	27年('15)	令和2年('20)	3年('21)	4年('22)	(4年−3年)対前年増減
総数1)	1,431,577	1,187,064	1,190,547	1,062,530	1,071,305	1,005,721	840,835	811,622	770,759	△ 40,863
14歳以下	23	37	43	42	51	39	37	32	27	△ 5
15〜19歳	17,854	16,075	19,729	16,531	13,495	11,891	6,911	5,510	4,531	△ 979
20〜24	247,341	193,514	161,361	128,135	110,956	84,465	66,751	59,896	52,850	△ 7,046
25〜29	682,885	492,714	470,833	339,328	306,910	262,266	217,804	210,433	202,505	△ 7,928
30〜34	381,466	371,773	396,901	404,700	384,386	364,887	303,436	292,439	279,517	△ 12,922
35〜39	93,501	100,053	126,409	153,440	220,101	228,302	196,321	193,177	183,327	△ 9,850
40〜44	8,224	12,472	14,848	19,750	34,609	52,561	47,899	48,517	46,338	△ 2,179
45〜49	244	414	396	564	773	1,256	1,624	1,597	1,600	3
50歳以上	1	−	6	34	19	52	52	20	58	38

注：平成22、27年は都道府県からの報告漏れ（平成31年3月29日公表）による再集計を行ったことにより、平成29年以前の概況とは数値が一致しない箇所がある。
　1）総数には母の年齢不詳を含む。

（出典：厚生労働省「令和4年（2022）人口動態統計（確定数）の概況」）

3 家庭の経済的困窮とひとり親家庭の状況

子育て家庭の経済的困窮も，子ども家庭支援をめぐる深刻な課題の一つです。厚生労働省による「2022（令和4）年　国民生活基礎調査の概況」では，児童のいる世帯の半分以上は生活が「苦しい」（大変苦しい・やや苦しい）と感じており，母子世帯ではその割合が75％に達することも報告されています。また，2021年の調査における日本の相対的貧困率は，図12に示すように子どもの貧困率が11.5％，ひとり親世帯の貧困率が44.5％で[3]，いずれも前回調査（2018年）に比べて低下してはいますが，ひとり親世帯に関してはOECD加盟国中では依然として高い状態にとどまっています。

子ども時代の貧困の経験が，成人後の生活のありように影響を与えるリスクが様々な研究により示唆されています。たとえば阿部彩は，欧米諸国のデータから，子ども期の貧困の経験が，子どもが成人となってからの様々な状況（学歴，雇用状況，収入，犯罪歴など）に関係していることを指摘しています[4]。また，親の所得が高いほど，子どもの学力が高い傾向を示す調査結果なども報告されています[5]。健康面においても，経済的な事情で任意の予防接種を受け

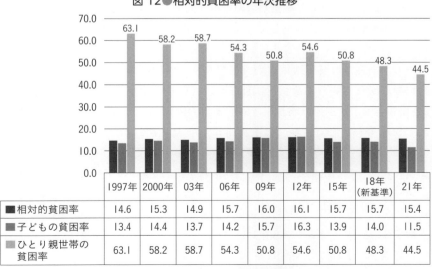

図12●相対的貧困率の年次推移

	1997年	2000年	03年	06年	09年	12年	15年	18年（新基準）	21年
相対的貧困率	14.6	15.3	14.9	15.7	16.0	16.1	15.7	15.7	15.4
子どもの貧困率	13.4	14.4	13.7	14.2	15.7	16.3	13.9	14.0	11.5
ひとり親世帯の貧困率	63.1	58.2	58.7	54.3	50.8	54.6	50.8	48.3	44.5

（資料：厚生労働省「2022（令和4）年国民生活基礎調査の概況」に基づき筆者が作図）

ず子どもが伝染病に罹患しやすくなったり，病気やけがをしても十分な治療が受けられなかったりする事例が散見されます。

　これらの調査が示すように，貧困という問題は，子どもが生活し成長する家庭環境に様々な影響を及ぼします。家族そろって食事をすることが当たり前の子どももいれば，親がパートなどを掛け持ちして働いているため幼いきょうだいだけで食事をする子どももいます。学校や園が休みで給食がない日には栄養の整った食事をすることが難しい子どももいるのです。家庭の経済状況は外側からは見えにくく，デリケートな問題ではありますが，家庭が抱える問題の一つとして経済的な困窮があるということを支援者は自覚することが肝要です。

　このように，子どもや家庭の経済的困窮が社会問題として認識されるようになり，2013 年 6 月に「子どもの貧困対策の推進に関する法律」が成立しました。貧困の状況にある子どもの健全育成や教育の機会均等などを柱とする基本方針が定められ，様々な施策が実施されるようになりました。2019 年 11 月 29 日に閣議決定された「子供の貧困対策に関する大綱」においては，「令和 3 年版厚生労働白書」によれば，「①親の妊娠・出産期から子供の社会的自立までの切れ目のない支援体制の構築，②支援が届いていない，又は届きにくい子供・家庭に配慮した対策の推進，③地方公共団体による取組の充実等を分野横断的な基本方針として定めるとともに，教育の支援，生活の安定に資するための支援，保護者に対する職業生活の安定と向上に資するための就労の支援，経済的支援等を総合的に推進していくこと」が示され[6]，様々な取り組みが行われています。

　一方，子どもの貧困対策という観点からは，ひとり親家庭（とくに母子家庭）のおかれている生活状況に目を向けていく必要があります。厚生労働省「令和 3 年度全国ひとり親世帯等調査結果の概要」によると，母子世帯数は推計 119 万 5 千世帯であり，母子世帯になった理由は離婚などの「生別」が93.5％を占めています。また，母子世帯の平均年間収入（同居親族を含む世帯全員の収入）は 373 万円であり，児童のいる世帯全体の平均所得の 46％程度という低い水準にとどまっていることも報告されています[7]。ひとり親世帯の経済状況は先進諸国との比較においても深刻な問題であり，とりわけ日本の母子世帯は，有業者であっても相対的貧困率が高いという特有の状況が見られます。同調査によれば母子家庭の 86.3％が就業していますが，「パート・アルバイト等」や「派遣社員」を含む非正規雇用が 4 割以上を占めており，働いてい

るのにもかかわらずに貧困状態にある「ワーキング・プア」に陥りやすいことが推察されます。

　内閣府「男女共同参画白書　令和5年版」では，仕事か家庭の二者択一を求められる現状は，家事・育児を抱えているものの，夫婦間で役割分担をできないひとり親世帯にとって，特に厳しいものであると述べられています。とくに母親が複数の非正規就労に従事する場合，長時間家庭を不在にする傾向が高くなり，子どもの世話や家事を行う時間を確保することが難しくなります。また，「子どもがいても男性は長時間労働をするのが当然」「子育ては女性が行うもの」という性別役割分担意識は，ひとり親の男性を孤立させるおそれがあることも指摘されています[8]。父子世帯でも，夫婦二人で育児・家事を分担できないため，仕事に追われるほど家庭に親が不在になりがちです。親自身が助けを必要としていても，社会的支援に関する情報が不足していたり，日々の忙しさのためサービスの利用につながらない場合があります。

　ひとり親家庭に対する雇用政策や経済的支援の拡充は必須ですが，仕事と家庭生活の両立支援も重要です。各種の保育サービスに関する情報のほか，母子家庭等日常生活支援事業，ひとり親家庭生活支援事業，児童扶養手当などの各種施策に関する情報を確実に届け，必要に応じて利用に結びつけることが大切です。

　また，家事・育児の分担や心理的な負担を分かち合えるパートナーが不在であることも，ひとり親家庭に共通する課題です。日常生活の悩みや不安を気軽に相談できるように，親同士の自助グループやピアサポートなどの支援も必要とされています。

4　大規模な災害への対応

　1995年に発生した阪神・淡路大震災に続き，2011年に起こった東日本大震災を通して，私たちは大規模な災害がいつ，どこででも起こりうることを学んできました。近年，災害状況下でのリスクマネジメントを見直し，防災教育や避難訓練等に力を入れる児童福祉施設や学校が確実に増えています。

　大規模な災害は，一瞬にしてそれまでの家庭生活を崩壊させるなど，計り知れない変化をもたらします。そのような意味で，防災や災害救助のあり方だけでなく，災害後の家庭生活の維持・再建のための支援についても，平常時から検討しておくことが課題となっています。

筆者は2012年に，東日本大震災とその後の原発事故の影響を受ける子育て家庭の生活実態を把握するため，福島県に居住する乳幼児の保護者，及び福島県から山形県へ避難中の乳幼児の保護者を対象にアンケート調査を実施しました（353名が回答）。保護者に対して，震災前と比較して「精神的不調（気分が落ち込む・不眠等）を感じるか」を尋ねたところ，「とてもそう思う」「どちらかといえばそう思う」を合わせた割合は，福島・山形の回答者の合計で58.3％に達しました。一方，子どもの健康状態に関しても同様に尋ねたところ，精神的不調（落ち着かない・表情が乏しい・不眠等）を感じる保護者が27.5％でした[9]。

　また図13に示すように，保護者の精神的不調の度合いが高いほど，子どもの精神的不調を感じる割合が高い傾向も明らかになりました。戸外で遊べないことに加え，親のストレスが高まることが，子どもの精神面に影響を及ぼす可能性があります[10]。親・子どもへの支援を一体的にとらえる子ども家庭支援の観点から，地域における細やかな支援体制を構築することが課題であるといえます。

　幼い子どもを伴う生活は行動範囲が制限されるため，身近な地域における子育て支援が必要とされています。地域子育て支援拠点，児童館，保育所など，子どもを連れて気兼ねなく利用できる施設において，親・子どものメンタルケ

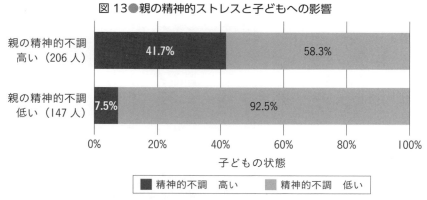

図13●親の精神的ストレスと子どもへの影響

※保護者／子どもの精神的不調を尋ねる設問に対して，「とてもそう思う」「どちらかといえば思う」と回答した人を『精神的不調が高い』群とし，「あまり思わない」「まったく思わない」との回答者を『精神的不調が低い』群に分けた。
（出典：渡辺顕一郎（2013）「震災後の子育て環境の変化と子育て支援」日本子どもを守る会編『子ども白書2013』本の泉社）

ア，生活面での相談や情報提供，子どもの健康面での支援が，きめ細やかに展開されることが大切だと考えます。避難中の家庭であれば，避難先の地域でこうした支援を受けられることが，社会的孤立を防ぐ重要な手立てになり得ます。

　ここで，東日本大震災の発生後から，山形県に避難中の家庭に対して民間レベルで支援を行ってきた「認定特定非営利活動法人やまがた育児サークルランド」の取り組みを例示します。やまがた育児サークルランドは，1998年に育児サークルのネットワークとして結成され，山形市を中心に育児サークル支援・保育・育児情報提供・女性の人材育成・子育て支援施設運営・家庭訪問事業など，地域の子育て支援に幅広く取り組んできた団体です。

　震災に伴う原発事故の影響により隣接する山形県に避難してきた子育て家庭の悩みは，平常時とは大きく異なっていました。仕事がある夫と離れて母子のみで避難している家庭が多く，知人がいないなど孤立傾向が高かったり，経済的負担感なども抱えていたり，子育てのリスクが推察されました。そこで，2011年7月には避難家庭を対象に「ままカフェサロン」を開始し，その後「ままカフェサロン」を元に知り合った親子の育児サークルをエリアごとに3サークル立ち上げました。また，同年には小学生を持つ母親のサロン，臨床心理士による相談事業なども含めて細やかな支援を始めていきました。翌2012年度には「ままカフェサロン」を米沢市でも開始し，さらに避難家庭を対象とする常設の子育てひろばとして「ままカフェ@home」や「福山ひろば」を山形市内に開設して，親子で実家のように過ごしてもらえる居場所支援にも取り組みました。なお，それ以外の活動も含めた2019年度までのおもな支援事業や支援実績（延べ利用人数等），及び活動の経過については，次頁の**図14**の通りです[11]。

　上記の取り組み事例から，大規模な災害においては，改めて長期的・継続的な支援が必要であり，状況の変化やニーズの可変性に対応した柔軟な施策が必要であることを学ぶことができるでしょう。その後，大規模な地震だけでも2016年の熊本地震，直近では2024年1月の能登半島地震などが発生し，高齢者や傷病・障害者だけでなく，子育て家庭も災害弱者であるとの認識が高まっています。地震や台風などの大規模な災害下における子ども家庭支援のあり方については，「対岸の火事」ではなく，日頃から各地・各所で検討を重ねておくことが大切だと考えています。

図14●やまがた育児サークルランドのおもな避難者支援の取組と実績

年度	支援実績	おもな内容
2011 年度	4,053 人	・ままカフェサロン（山形）7月〜27回　2,614 人 ・育児サークル（山形）11 月〜50 回　1,148 人 ・小学生を持つ母親のサロン等
2012 年度	6,412 人	・ままカフェサロン（米沢）4月〜47 回　1,516 人 ・ままカフェ@ home（山形）4月〜204 日開所　1,477 人 ・福山ひろば（山形）9月〜71 日開所　676 人 ・芋煮会，雪遊び等
2013 年度	6,749 人	・ままカフェサロン（米沢）50 回　1,187 人 ・ままカフェ@ home（山形）212 日開所　1,379 人 ・福山ひろば（山形）159 日開所　1,698 人 ・支援者研修交流会，プレイセラピーなど
2014 年度	6,358 人	・ままカフェサロン，ままカフェ@ home，福山ひろばの継続 ・情報紙「たぷたぷ」 ・フラサークル likolino（リコリノ）など
2015 年度	6,649 人	・活動を継続しながら必要に応じて新規事業に取り組む
2016 年度	5,414 人	・ベビー・マタニティサロン，高校入試相談会等
2017 年度	575 人	・ままカフェ@ home，福山ひろばを閉所
2018 年度	352 人	・平常時の子育て支援活動
2019 年度	303 人	・ままカフェサロン，相談事業継続

第2節　子ども・子育て支援をめぐる施策

1　少子化対策と子育て支援

　子育てをめぐる様々な課題に関して，近年，政策的に最も力点が置かれているのが少子化対策です。**図15**に示すように，合計特殊出生率（1人の女性が一生の間に産む子どもの数）は平成17（2005）年に1.26と戦後最低となった後わずかに上昇傾向にあったものの，新型コロナウイルス感染症の影響もあり，令和4（2022）年には再び1.26となりました。また，第1章で述べたように，出生数は2016年に戦後初めて百万人台を割り込み，その後も依然として減少し続けています。

　日本では1994年の通称「エンゼルプラン」を皮切りに，少子化対策が打ち出されてきました。一連の少子化対策において子どもを産み育てる親への支援

第2章　子育て家庭に対する支援の体制

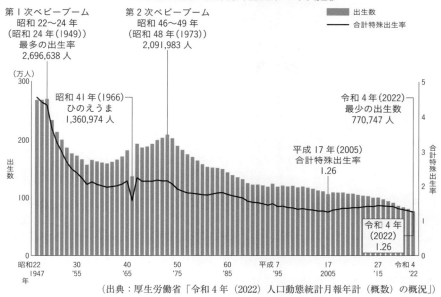

図15●出生数及び合計特殊出生率の年次推移

（出典：厚生労働省「令和4年（2022）人口動態統計月報年計（概数）の概況」）

が政策的に位置付けられ，子育て支援が推進されてきたのです。こうして子育て支援施策が強化され，各種サービスの拡充も図られてきたのですが，未だ少子化の抑制だけでなく，育児不安や産後うつ，児童虐待などの社会問題に対しても有効な解決策は見出せていません。また，首都圏などの都市部を中心に保育所の待機児童が解消されないなど，保育サービスの量的不足も未解決課題のまま残されています。

　子育て支援において大切にしなければならないことは，親が子育てをする上で必要なことを支援し，子どもを育てている当事者のニーズに応えることです。これに対して少子化対策は，少子化の抑制（出生率・出生数の向上）が究極的な目的です。つまり，少子化対策において子育て支援は，目的達成のための手段に過ぎないのです。しかし，本来，子育て支援の実践が目指すものは「親の子育てを支えること」であり，それ自体が目的だと見ることもできます。そのような意味で，政策的には少子化対策に基づいて子育て支援施策が推進されてきたとしても，少子化対策と子育て支援は必ずしも同義語ではありません。子ども家庭支援の観点に立つならば，子育て当事者の視点から社会的課

題を見つめ直し，社会全体で子育てを支える仕組みを再検討する必要があると考えます。また，そうすることが，子育て支援の本来的な目的にも合致します。

2　これまでの少子化対策の取り組み

戦後の日本の子育て支援は，1947年の児童福祉法制定以降，働く親の子どもを保育する保育所が主に担ってきました。しかし，1990年の1.57ショックを機に少子化の進行が大きな社会問題となり，様々な施策が講じられるようになりました。図16はこれまでの少子化対策の流れです。

1994年に，国家的な少子化対策として「エンゼルプラン」（正式名称「重点的に推進すべき少子化対策の具体的実施計画」）が策定され，子育てと仕事の両立支援を中心に子育て支援策の基本方針が定められました。「多様な保育サービスの充実」として，保育所の保育時間の延長や休日保育などの充実，保育所が地域の子育て家庭の相談に応じたり施設を開放したりするなどの地域活動が推進されました。地域の子育て家庭を支える支援については，「子育て支援のための基盤整備」の一つとして，保育所等に地域子育て支援センターを整備することが挙げられました。

エンゼルプランの後期計画として1999年に策定された「新エンゼルプラン」では，「保育サービス等子育て支援サービスの充実」として，必要なときに利用できる多様な保育サービスの整備や，在宅の乳幼児も含めた子育て支援の推進を目指して3つの施策が打ち出されました。3つの施策とは，地域子育て支援センターの整備，一時保育の推進，ファミリー・サポート・センターの整備です。加えて，「地域で子どもを育てる教育環境の整備」として，地域における家庭教育を支援する子育て支援ネットワークの整備や幼稚園における地域の幼児教育のセンターとしての機能等の充実が打ち出されました。

2003年には，次世代育成支援対策推進法が制定され，自治体に対して，次代を担う子どもや，子どもを育てる家庭を支援する取り組みに関する行動計画を策定し，実施することが義務付けられました。同時に，301人以上の労働者を雇用する事業主に対しても，次世代育成支援のための行動計画の策定が義務化されました（現在は従業員101人以上の企業に義務付けられています）。企業が子育てを支えるための取り組みが法律で定められたことは，子育て支援において大きな意味をもつものでした。また，同年制定された少子化社会対策基

第 2 章　子育て家庭に対する支援の体制　37

図 16 ● これまでの少子化対策の取り組み

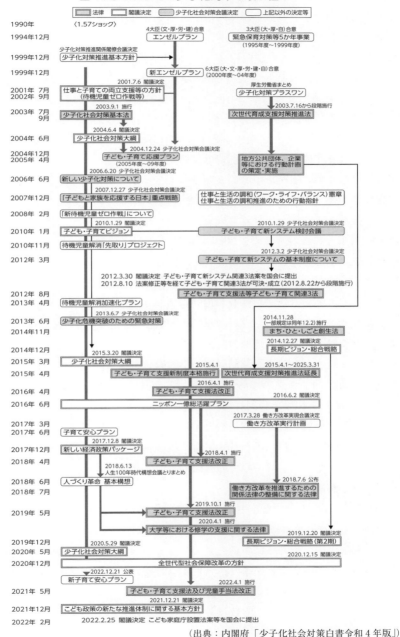

（出典：内閣府「少子化社会対策白書令和 4 年版」）

本法に基づき，2004年には少子化社会対策大綱が取りまとめられました。この大綱に基づく4つの重点課題に沿って策定されたのが「子ども・子育て応援プラン」であり，エンゼルプラン，新エンゼルプランの後継政策に位置付けられています。4つの重点課題のうち「子育ての新たな支え合いと連帯」では，地域の子育て支援の拠点づくりや児童虐待防止ネットワークの設置などの施策が打ち出されました。また，「仕事と家庭の両立支援と働き方の見直し」では，仕事と生活の調和キャンペーンの推進などが盛り込まれました。

2007年には「子どもと家族を応援する日本」重点戦略が取りまとめられました。これまでの子育て支援施策は保育サービスの拡充など子育て家庭のニーズに応じるための支援を中心に展開されてきましたが，この「子どもと家族を応援する日本」重点戦略では，仕事と生活の調和（ワーク・ライフ・バランス）の推進と包括的な次世代育成支援の枠組みの構築が「車の両輪」と位置づけられるようになりました。2010年には，少子化社会対策大綱を受け継ぐ大綱として「子ども・子育てビジョン」が閣議決定され，同時に子ども・子育て新システム検討会議が開始されることになりました。

2015年には，第3次の少子化社会対策大綱が閣議決定され，重点課題には，子育て支援の一層の充実，若者の経済的基盤の安定と結婚支援，多子世帯支援，男女の働き方改革，地域の実情に即した取組みの強化と先進事例の全国展開が挙げられました。また，幼児期の学校教育や保育，地域の子育て支援の量の拡充や質の向上を進めていくために「子ども・子育て支援新制度」が2015年度からスタートしました。「新制度」とは，子ども・子育て支援法を柱とし，改正された認定こども園法や児童福祉法等を含む関連施策を指します。幼児期の学校教育・保育，子ども・子育て支援を総合的に推進するため，制度ごとにバラバラだった財源や給付の仕組みを一元化するなど，少子化対策の根本的な見直しが図られました。

2020年には第4次となる少子化社会対策大綱が閣議決定されました。「希望出生率1.8」の実現に向け令和の時代にふさわしい環境を整備し，国民が結婚，妊娠・出産，子育てに希望を見出せるとともに，男女が互いの生き方を尊重しつつ，主体的な選択により，希望する時期に結婚でき，かつ，希望するタイミングで希望する数の子どもを持てる社会をつくることを基本的な目標としています。翌年には「こども政策の新たな推進体制に関する基本方針」が閣議決定され，これに基づく「こども家庭庁設置法」及び「こども家庭庁設置法の

施行に伴う関係法律の整備に関する法律」,「こども基本法」が 2022 年 6 月 15 日に成立しました。こうして，第 1 章で述べたように 2023 年度から「こども家庭庁」がスタートし，国の基本方針を示す法律として「こども基本法」も施行されました。

3　こども家庭庁の創設と今後のこども政策

こども家庭庁は 2023 年 4 月に内閣府の外局として設置されました。こども家庭庁設置法によれば，その任務は，「心身の発達の過程にある者（以下「こども」という。）が自立した個人としてひとしく健やかに成長することのできる社会の実現に向け，子育てにおける家庭の役割の重要性を踏まえつつ，こどもの年齢及び発達の程度に応じ，その意見を尊重し，その最善の利益を優先して考慮することを基本とし，こども及びこどものある家庭の福祉の増進及び保健の向上その他のこどもの健やかな成長及びこどものある家庭における子育てに対する支援並びにこどもの権利利益の擁護に関する事務を行うこと」とされています。

こども家庭庁の設置と相まって制定されたこども基本法は，こども施策を社会全体で総合的かつ強力に推進していくための包括的な基本法です。なお，こども基本法における「こども」とは，18 歳や 20 歳といった年齢で必要なサポートが途切れないように，児童福祉法における「児童」や民法の成年年齢などにかかわらず，心と身体の発達の過程にある人を「こども」と定義しています。したがって，児童福祉法の対象である「18 歳未満の者」を超えて，成年の若者世代に対する施策を含みます。このように幅広いこども施策を総合的に推進するために，基本的な方針，重要事項を定めるものとして「こども大綱」が示されました。こうして，これまで別々に成立してきた「少子化社会対策大綱」,「子供・若者育成支援推進大綱」,「子供の貧困対策に関する大綱」が束ねられ，こども大綱に一元化されることになりました。統一性のある大綱の下で，これまで以上に総合的かつ一体的にこども施策を進めていくことや，行政の事務負担の軽減を図ることも期待されています。

第3節　地域における子ども・子育て支援の推進体制

1　地域における包括的支援

　保守的な性別役割分業が根強く残る日本の社会では，子育ての役割や負担が母親に集中しやすく，孤立した子育てを強いられる家庭が少なくないことが，少子化に拍車をかける要因の一つであるといえます。少子化対策に位置づけられる様々な施策を具体的な取組として活かし，地域における子育て支援を拡充していくためには，子育て家庭にとって身近な基礎自治体である市町村の役割が重視されるようになっています。

　子育て支援の実践においては，子育て家庭が必要とする支援につながることなく孤立した結果，子育ての困難や不適切な養育が深刻化してから事後対応的に支援につながる事例に出会うことがあります。また，地域の子育て支援の推進により，多様な支援サービスを利用できるようになりましたが，対象年齢の制限や実施機関の違いなどにより，支援が途切れてしまう事例も散見されるようになりました。このような現状をふまえ，妊娠期から切れ目なく子どもと子育て家庭を支える仕組みづくりが求められるようになりました。

　2016年の児童福祉法等の改正において，市町村は母子保健に関する各種の相談に応ずる等の事業を行う「子育て世代包括支援センター」（母子健康包括支援センター）を設置することや，児童及び妊産婦の福祉に関し，相談指導などの必要な支援を行うための「市区町村子ども家庭総合支援拠点」の整備に努めなければならないことが定められました。

　市町村の子育て世代包括支援センターに求められる主要な働きは，予防を指向する「ポピュレーションアプローチ」です。第1章で述べてきたように，児童虐待防止などの対応をめぐって，すでに起っている虐待事例への事後対応ではなく，その前段階でリスクの発生を防止するのが「ポピュレーションアプローチ」です。このように，あらゆる子育て家庭を対象に，問題の発生そのものを防止する働きを「1次予防」といいます。これに対して市区町村子ども家庭総合支援拠点には，おもに「2次予防」（問題の早期発見・早期支援）を担い，虐待のリスクが高い家庭に対して「ハイリスクアプローチ」に取り組むことが求められてきたと言えるでしょう。

　ただし，「子育て世代包括支援センター」と「市区町村子ども家庭総合支

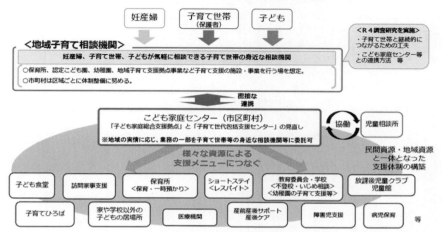

(出典：こども家庭庁（2024）「児童福祉法の一部を改正する法律の施行に向けた検討状況」令和6年1月25日自治体向け説明会）

拠点」に関しては，乳幼児期の子育て家庭に対する相談支援など，業務や機能に共通点がありながらも，組織が別であるために情報共有等が円滑になされにくい等の課題が生じてきました。このため，さらなる制度改正を経て，市町村に対しては「子育て世代包括支援センター」と「市区町村子ども家庭総合支援拠点」の機能などを維持した上で組織を見直し，2024年度から母子保健・児童福祉の両機能が一体的に相談支援を行う機関として「こども家庭センター」を設置することが義務化されました（図17を参照）。また，行政機関である「こども家庭センター」よりも子育て家庭などが気軽に相談できる身近な相談機関として「地域子育て相談機関」も創設されました。

これと併せて，2022年の児童福祉法等の一部を改正する法律（改正児童福祉法）においては，子育てに困難を抱える家庭に対する具体的な支援を拡充していくため，次頁の図18のように，新たな市町村の事業として「子育て世帯訪問支援事業」，「児童育成支援拠点事業」，「親子関係形成支援事業」が創設されました。さらに，従来からの「子育て短期支援事業」等の拡充を行い，これらを「家庭支援事業」として位置づけました（子育て短期支援事業については後述します）。

こども家庭センターには，「家庭支援事業」をはじめとする地域資源を有機的に組み合わせた具体的な支援を届けていくための中核機能を担っていくこ

図 18●家庭支援事業の創設と拡充

新設	**子育て世帯訪問支援事業（訪問による生活の支援）** ▶要支援児童、要保護児童及びその保護者、特定妊婦等を対象（支援を要するヤングケアラー含む） ▶訪問し、子育てに関する情報の提供、家事・養育に関する援助等を行う。 　例）調理、掃除等の家事、子どもの送迎、子育ての助言　等 **児童育成支援拠点事業（学校や家以外の子どもの居場所支援）** ▶養育環境等の課題（虐待リスクが高い、不登校等）を抱える主に学齢期の児童を対象 ▶児童の居場所となる拠点を開設し、児童に生活の場を与えるとともに児童や保護者への相談等を行う 　例）居場所の提供、食事の提供、生活リズム・メンタルの調整、学習支援、関係機関との調整　等 **親子関係形成支援事業（親子関係の構築に向けた支援）** ▶要支援児童、要保護児童及びその保護者、特定妊婦等を対象 ▶親子間の適切な関係性の構築を目的とし、子どもの発達の状況等に応じた支援を行う。 　例）講義・グループワーク・ロールプレイ等の手法で子どもとの関わり方等を学ぶ（ペアレントトレーニング）等	**地域子ども・子育て支援事業への位置づけ** ▶市区町村の計画的整備 ▶子ども・子育て交付金の充当
拡充	**子育て短期支援事業** ▶保護者が子どもと共に入所・利用可能とする。子どもが自ら入所・利用を希望した場合の入所・利用を可とする。 ▶専用居室・専用人員配置の推進、入所・利用日数の柔軟化（個別状況に応じた利用日数の設定を可とする）を進める。 **一時預かり事業** ▶子育て負担を軽減する目的（レスパイト利用など）での利用が可能である旨を明確化する。	

（出典：こども家庭庁支援局虐待防止対策課（2023）「こども家庭センターについて」令和5年8月3日令和5年度保健師中央会議資料4）

とが期待されています。ここで言う「地域資源」とは，こども家庭センターガイドラインによれば，「社会福祉法人，NPO 法人，民間企業，ボランティア等で，妊産婦・こどもと子育て家庭への支援を担う団体・事務所，民生委員・児童委員，障害児支援を担う事業所等（以下，「民間団体等」という。）による多様な支援を指し，児童福祉法に定める事業（家庭支援事業等）のみならず，こども食堂などの居場所や，地域の見守りボランティア等が挙げられる」と説明されています[12]。この地域資源の開拓や既存の地域資源の見える化も，こども家庭センターが担う役割として示されています。

2 社会資源としての教育・保育施設

⑴ 保育所

　保育所は，保護者の就労や疾病等の理由により，保育に欠ける乳幼児を保育する児童福祉施設として，長年にわたって重要な働きを担ってきました。1990年代以降，少子化対策の一環として量的な整備が進められただけでなく，実態的に共働き家庭が増加してきたこともあって，施設数は着実に増え続けてきました。

　保育所の整備が進む一方で，それでもなお解消されない保育所の待機児童問題は，子どもに対する保育の保障だけでなく，親の子育てと仕事の両立に関しても支障をもたらします。家庭生活における経済的な側面だけでなく，女性（母親）の就労や社会参画を支えるためにも，保育所をはじめとする保育サービスの整備・拡充が急務となっているのです。

　また保育所保育の必要性に関しては，就労形態の多様化に伴い，パート就労や夜間就労等を含む幅広い働き方に対応することが課題となっています。加えて児童福祉施設として，児童虐待や配偶者暴力（以下 DV）等の支援に際して，保護的機能を担う働きも重視されるようになっています。

　上記のような理由から，子ども・子育て支援法を柱とする新しい制度体系においては，これまでの「保育に欠ける」事由7項目は「保育の必要性」の事由として次の10項目となり，このいずれかに該当することが保育の実施基準となりました。

　①就労（フルタイムのほか，パートタイム，夜間など基本的にはすべての就労に対応）

　②妊娠，出産

　③保護者の疾病，障害

　④同居又は長期入院している親族の介護，看護

　⑤災害復旧

　⑥求職活動

　⑦就学

　⑧虐待や DV のおそれがあること

　⑨育児休業取得時に，既に保育を利用している子どもがいて継続利用が必要であること

⑩その他，上記に類する状態として市町村が認める場合

　これまでにも，児童虐待やDV，障害などの困難を抱える家庭への支援策として子どもを保育所に入所させる事例はありましたが，制度上に規定されることによって，保育所の機能として明確化されたといえます。このような事例では親が問題を抱えているため，日常生活において精神的に不安定であったり，子どもへの対応や養育態度が不適切であったりする場合が少なくありません。子どもへの保育を保障するだけでなく，保護者に対する支援を行いながら家庭全体への支援に取り組むことが，子どもの健やかな育成にもつながるのです。

　第3章で詳しく述べますが，保育所は子育て家庭にとって身近な地域に存在する施設として，これまで以上に子育て支援に積極的に取り組み，家庭支援の一翼を担うことが期待されています。また，2018年に改定された保育所保育指針においては，第1章総則のなかで「保育所は，入所する子どもを保育するとともに，家庭や地域の様々な社会資源との連携を図りながら，入所する子どもの保護者に対する支援及び地域の子育て家庭に対する支援等を行う役割を担うものである」と記されています。

(2)　幼稚園

　幼稚園は，学校教育法に基づき満3歳から小学校就学までの幼児に対して教育を行う施設です。1日の標準保育時間は4時間とされていますが，地域の実情に応じて保育時間を6時間前後とする幼稚園もあります。

　従来から個々の幼稚園の判断で，4時間を標準とする幼稚園の教育時間の前後や土曜・日曜，長期休業期間中に「預かり保育」が行われてきましたが，1998年の幼稚園教育要領の改訂時に「教育時間の終了後等に行う教育活動」として位置づけられました。また，同改訂においては「子育て支援」に関しても，地域の人々に園の機能や施設を開放して，幼児教育に関する相談に応じるなど，地域の幼児教育センターとしての役割を果たすよう努めることが明記されました。2018年の改訂では，「その際，心理や保健の専門家，地域の子育て経験者等と連携・協働しながら取り組むよう配慮するものとする」の一文が追加されており，地域資源を活用した子育て支援の展開が期待されていることがわかります。

　以下，幼稚園における「預かり保育」と「子育て支援」に関して詳しく述べていきます。

①預かり保育

一時預かり事業として，幼稚園で実施されている預かり保育は2つの型があります。幼稚園型Ⅰは，主に幼稚園等に在籍する3歳以上児を対象に，教育課程時間の前後や夏休み等の長期休業日などに，その園において一時預かりを行うものです。幼稚園型Ⅱは，0歳児〜2歳児を対象に認定こども園以外の幼稚園で定期的な預かりを行うものを示します。

文部科学省「令和5年度幼児教育実態調査」によると，2023年では預かり保育を定期的または一時的に実施している幼稚園は，全8,007幼稚園（公立：2,494園，私立：5,513園）のうち91.0%でした。預かり保育を平日において週5日実施している幼稚園は，定期的に実施している7,010幼稚園（公立：1,779園，私立：5,231園）のうち92.2%，平日17時以降まで実施している幼稚園は，定期的に実施している幼稚園全体の86.4%でした。また，在園していない満3歳未満児を対象とした定期的又は一時的な預かりを実施している幼稚園は，全体の28.1%でした。在園していない満3歳未満児の預かりは，2歳児のみの受入れが一番多く，全体の70.0%となっています[13]。

通いなれた幼稚園に教育時間外にも子どもを託すことができるという点において，預かり保育は，在園児の保護者にとっては心強い子育て支援の一つとなっています。また，保育所の待機児童が集中する地域においては，幼稚園の預かり保育が待機児童解消策の一環として推進されてきた側面もあります。

②幼稚園における子育て支援

地域の子育て家庭に対する支援として多くの幼稚園で実施されているのは，園庭・園舎の開放です。通常の教育時間内に実施するのが一般的ですが，土曜日などの休日に施設を開放する園もあり，その方法は様々です。未就園児の親子登園は，子どもにとっては異年齢の子どもとかかわる貴重な経験であり，親にとっては子どもとのかかわり方を学び，他の親子との交流を持つ機会を得ることができる支援です。その他，子育て情報の提供や，親子の交流の場の提供に取り組む園もあります。

また，在園児の保護者を対象とした趣味の会やおしゃべりサロンなどは，家庭の子育てを支える社会資源の一つとなっています。在園児の保護者同士の交流を図る活動は，PTA活動の一環として行われる場合が多いのですが，最近では子育て支援として開催する幼稚園も見られます。通園バスの普及によって

園と保護者，保護者同士のコミュニケーションの機会が減少する中で，こうした交流の機会を意図的につくりだすことが必要になっているのです。また，父親向けの子育て講座や「おやじの会」を開催するなど，父親を対象とする子育て支援に取り組む事例なども報告されるようになっています。

この他，園に在籍していない地域の満3歳未満児を対象とした定期的または一時的な預かりを行う園もあります。

(3) 認定こども園

認定こども園は，就学前の子どもに対する保育及び幼児教育の双方を行うとともに，保護者に対する子育て支援の総合的な提供を行う施設です。「就学前の子どもに関する教育，保育等の総合的な提供の推進に関する法律」（以下，認定こども園法）の成立により，2006年10月から取り組みが開始されました。

保護者の就労状況にかかわらず子どもを受け入れて教育・保育を一体的に行う機能と，地域の子育て支援（相談活動や親子の集いの場の提供など）を行う機能を備えた幼稚園ないし保育所などが，都道府県によって認定を受けることができます。

認定こども園は，在園児および地域の保護者に対する子育ての支援を行うことが必須とされています。保育や幼児教育を一体的に提供するだけでなく，地域の子育て支援にも取り組むことが認定を受ける必須要件となっているという観点から，まさに総合施設としての働きが期待されているといえるでしょう。また，退職や転職，育児休業の取得など保護者の就労状況が変化した場合でも，通い慣れた園を継続して利用することができるという点において，子育て家庭にとって心強い社会資源だといえるでしょう。

認定こども園が創設された当初は，「幼保連携型」「幼稚園型」「保育所型」「地方裁量型」の4つの類型に分けられていました。幼保連携型とは，認可幼稚園と認可保育所とが連携し一体的な運営を行うことにより，認定こども園としての機能を果たす類型です。幼稚園型は，認可幼稚園が保育に欠ける子どものための保育時間を確保するなど，保育所的な機能を備えて認定こども園としての機能を果たす類型です。保育所型は，認可保育所が保育に欠ける子ども以外の子どもも受け入れるなど，幼稚園的な機能を備える類型です。地方裁量型は，幼稚園・保育所いずれの認可もない地域の教育・保育施設が，認定こども園として必要な機能を果たす類型です。

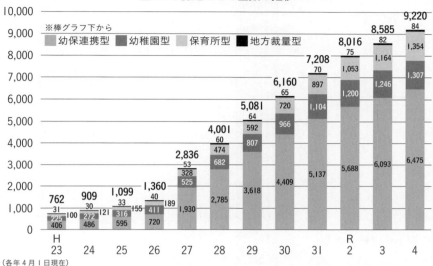

図19●認定こども園数の推移

(各年4月1日現在)

(資料:内閣府(2023)「認定こども園に関する状況について(令和4年4月1日現在)」に基づき筆者作図)

なお、上記の4つの類型に関しては、2012年に子ども・子育て支援法が成立した際に、併せて認定こども園法も改正され、幼保連携型認定こども園については独立した施設になりました。従来のように幼稚園と保育所の双方の認可を受けている必要はなく、認定こども園法に基づく独自の基準を満たしていれば認可を受けることができるように変更されました。その他、施設に対する指導監督や財政措置等に関する規定も一本化されたため、従来よりも施設の設置・運営を効率的に行えるように制度が改正されました。認定こども園数は現在も増加しており、なかでも幼保連携型認定こども園が占める比率が最も高くなっています(**図19**参照)。

(4) 地域型保育事業

2015年にスタートした子ども・子育て支援法を柱とする新しい制度体系では、教育・保育施設を対象とする施設型給付・委託費に加え、以下の保育を市町村による認可事業「地域型保育事業」として児童福祉法に位置付けた上で、地域型保育給付の対象とし、多様な施設や事業の中から利用者が選択できる仕組みとしています。

図20 ●地域型保育事業の位置付け

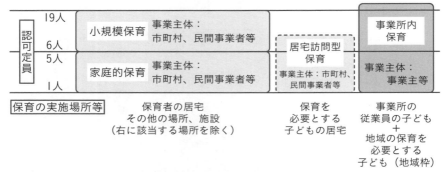

(資料：厚生労働省子ども家庭局保育課（2021）「保育を取り巻く状況について」)

■小規模保育事業

国が定める最低基準に適合した施設で，市町村の認可を受けた主に0～2歳児を対象とした定員6～19人の少人数の保育。

■家庭的保育事業

家庭的保育者（市町村長が行う研修を修了した保育士など）が自宅等で5人以下の子どもを保育する。通称「保育ママ」として，待機児童が多い大都市圏を中心に発展してきた事業。

■居宅訪問型保育事業

保育者が子どもの家庭で保育する訪問型の事業

■事業所内保育事業

企業が，企業内または事業所の近辺において，主として従業員の子どものほか，地域において保育を必要とする子どもを対象として運営する保育施設。

3　社会資源としての地域の子育て支援事業

(1) 利用者支援事業

利用者支援事業は，子どもおよびその保護者や妊婦が，保育所等の教育・保育施設や，地域の子育て支援事業などから，家庭のニーズに応じて必要な支援を選択して利用できるように，研修を受けた利用者支援専門員が相談・助言等を行うとともに，関係機関とのネットワークを構築し，地域の課題に応じて必

要な子育て支援事業や活動の開発をすすめ，子育てしやすい地域づくりを行うことも目的としています。以下の3つの事業類型があります。

■基本型：「利用者支援」と「地域連携」を共に実施する形態で，主として親子にとって日常的に利用でき，かつ相談機能を有する施設で実施

■特定型：主に「利用者支援」を実施する形態で，主として行政機関の窓口等を活用

■母子保健型：保健師等の専門職が「利用者支援」と「地域支援」を共に実施する形態で，市町村保健センター等母子保健に関する相談機能を有する施設での実施

(2) 地域子育て支援拠点事業

　乳幼児とその保護者が相互に交流できる場所を開設し，子育てについての相談，情報提供などを行う事業です。核となる基本事業として，①子育て親子の交流の場の提供と交流の促進，②子育て等に関する相談，援助の実施，③地域の子育て関連情報の提供，④子育て及び子育て支援に関する講習等の実施が定められています。

　地域子育て支援拠点は，親同士の出会いと交流の場であり，子どもたちが自由に遊びかかわりあう場です。親は親で支えあい，子どもは子どもで育みあい，地域の人たちが親子を温かく見守ることが，子育ち・子育てにおいては必要不可欠な経験となります。すなわち，地域子育て支援拠点は，親子・家庭・地域社会の交わりをつくりだす場なのです。

　2014年度からは事業種別として「一般型」「連携型」に再編されました。一般型の事業内容は，先の基本事業に加え，市町村からの委託によって拠点開設場所を活用した一時預かり事業や，放課後児童健全育成事業，拠点施設を拠点とした乳児家庭全戸訪問事業などを行うこともできます。連携型は，児童福祉施設・児童福祉事業を実施する本体施設との連携によって基本事業を行います。

　身近な地域にある子育て支援拠点は，子育て家庭にとって，気軽に利用することができる社会資源のひとつです。保護者にとっては，子どもをつれて遊びに行く場所であると同時に，子育てについて相談したり情報を得ることができるなど，多様な支援につながることができる場所としての働きも担っているのです。

(3)　妊婦健康診査

　妊婦健康診査は，安全・安心な出産のために重要であることから，子ども・子育て支援法第 59 条により「地域子ども・子育て支援事業」に位置付けられています。妊娠の健康管理の充実及び経済的負担の軽減を図ることにより，安心して妊娠・出産ができる体制を確保することを目的とし，妊婦に対する健康診査を行うものです。通常，医療機関を受診し妊娠が確認されると妊娠届出書が発行され，この妊娠届出書を市町村に提出することで母子健康手帳が交付されます。その際一緒に交付されるのが，妊婦健康診査受診票です。

　妊婦健康診査では，妊婦に対し健康状態の把握，検査計測，保健指導を実施するとともに，妊娠期間中の適時に必要に応じた医学的検査も行われます。妊婦健診を未受診の場合には，特定妊婦や子育てに困難を抱える家庭への支援と直結する事例も含まれることがあり，その後の継続的かつ予防的な家庭支援の必要性を示すサインでもあるといえるでしょう。

(4)　乳幼児健康診査

　市町村が乳幼児に対して行う健康診査です。通常，乳児健診（0 歳児），1 歳6 カ月児健診，3 歳児健診が実施されています。2021 年度の乳幼児健康診査の受診率は，乳児（3～5 か月児）が 95.4％と最も高く，1 歳 6 か月児が 95.2％，3 歳児が 94.6％となっています[14]。未受診の子どもの家庭においては，ネグレクトや不適切な扱いが懸念される事例もあり，地区担当の保健師が連絡を取り受診を促すなど地域での継続的な見守りを行っています。

　本来乳幼児の健康診査は，発育や健康状態を把握し，健康上の異常やリスクの早期発見の機会として重要なものです。しかし，健診が自分の子育ての良し悪しを判定される場のように感じ負担に思う保護者がいたり，わが子の発達の遅れを自覚していても健診の場で指摘されることを辛く感じる保護者がいたりします。大勢の乳幼児を診査する流れにおいて，このような保護者の気持ちにいかに寄り添うことができるかを考えることが肝要です。

　また見方を変えれば，健診は，地域の同月齢または同年齢の子どもとその保護者が一堂に集う機会であるともいえるでしょう。健診の順番を待っている時間などを利用して，地域子育て支援拠点による出張ひろばが開催されたり，保護者同士の交流会，ブックスタートなどの先駆的な試みも報告されています。

(5)　乳児家庭全戸訪問事業

　生後4か月までの乳児がいるすべての家庭を保健師や助産師等（母子保健推進員，愛育班員，児童委員などから幅広く人材を登用してもよい）が訪問し，さまざまな不安や悩みを聞き，子育て支援に関する情報提供を行うとともに，養育環境等の把握を行う事業です。支援が必要な家庭に対しては適切な支援の利用につなげることも目的としています。地域によっては，全戸訪問事業に地域子育て支援拠点のスタッフなどが同行し，地域の社会資源の利用につなげる取り組みも行われています。

(6)　養育支援訪問事業

　養育支援が特に必要な家庭を保健師・助産師・保育士等が訪問し，保護者の育児，家事等の養育能力を向上させるための支援（相談支援，育児・家事援助）を行う事業です。乳児家庭全戸訪問事業の実施結果や母子保健事業，妊娠期からの子育て支援や保険医療関係機関の連絡・相談，通告などにより，養育支援の必要性が把握されます。

　おもな事例としては，①若年の妊婦，妊婦健康診査未受診や望まない妊娠等の妊娠期からの継続的な支援を特に必要とする家庭，②出産後間もない時期の養育者が，育児ストレス，産後うつ状態，育児ノイローゼ等の問題によって，子育てに対して強い不安や孤立感等を抱える家庭，③食事，衣服，生活環境等について不適切な養育状態にある家庭など，虐待のおそれやそのリスクを抱え，特に支援が必要と認められる家庭，④児童養護施設等の退所又は里親委託の終了により，児童が復帰した後の家庭などが挙げられます。個々の家庭の必要性に応じどのような支援が必要なのかを把握し，計画を立て，地域のさまざまなサービスを組み合わせるなどして包括的な支援を行うことが肝要です。

(7)　放課後児童健全育成事業（放課後児童クラブ）

　保護者が就労等により昼間家庭にいない児童（小学生）に対して，学校の余裕教室や児童館等で，放課後に適切な遊びと生活の場を与えて，健全な育成を図る事業です。1997年に放課後児童健全育成事業として児童福祉法に位置づけられるまでは，自治体の事業等において「学童保育」と呼ばれることが多かったことから，現在もそのままの名称が使われる場合が多々あります。

　近年，共働き家庭の増加に伴ってクラブ数も急増しており，2023年には全

国に2万5千か所以上設置されています。しかし，大都市圏を中心に待機児童が発生しており，子どもの小学校入学を機に仕事と子育ての両立が立ち行かなくなる事態は「小1の壁」と呼ばれるようになっており，現在も放課後児童健全育成事業の整備・推進は重点施策の一つに掲げられています。

(8) 子育て短期支援事業

保護者の疾病，育児不安，育児疲れ，冠婚葬祭等の理由により児童の養育が一時的に困難な場合等に，児童養護施設等の入所施設において夜間や宿泊を伴う保育を行う支援で，以下の2種類の事業があります。

- ■トワイライトステイ（夜間養護等）事業……保護者が社会的理由などにより一時的に保育できない場合，おおむね夜間10時までの保育や，休日等の保育を行う。
- ■ショートステイ（短期入所生活援助）事業……原則として7日までの宿泊を伴う保育。なお，前述のように家庭支援事業の創設と拡充により，入所・利用日数の柔軟化（個別状況に応じた利用日数の設定可）が図られています。

(9) 子育て援助活動支援事業（ファミリー・サポート・センター事業）

乳幼児や小学生等の子育て中の保護者を会員として，一時的，短期間の預かり等の援助を受けることを希望する者（依頼会員）と，子どもを預かることを希望する者（提供会員）による相互援助活動に関する連絡，調整を行う事業です。保育所の送迎，学童後の預かり，冠婚葬祭や学校行事等の一時的預かりなどが行われています。2009年度より，病児・病後児の預かり，早朝・夜間等の緊急時の預かりなども行うことができるようになりました。

また，近年自治体によっては，子どもが安全に遊ぶ環境が整えられていることや，拠点スタッフの見守りがあること，利用者親子にとっていつも遊びに来ている拠点には安心感があることなどから，地域子育て支援拠点において，ファミリー・サポート・センター事業の子育て援助活動が行われる事例も増えています。

(10) 一時預かり事業

家庭において保育を受けることが一時的に困難となった乳幼児について，主

に昼間において，保育所その他の場所において子どもを保護者から一時的に預かる事業です。対象は，主として認可保育所等を利用していない家庭とその子どもで，事業の実施方法はつぎの6つです。

■一般型

実施場所：保育所，幼稚園，認定こども園，地域子育て支援拠点又は駅周辺等利便性の高い場所など，一定の利用児童が見込まれる場所で実施すること。

対象児童：主として保育所，幼稚園，認定こども園等に通っていない，又は在籍していない乳幼児とする。

■幼稚園型Ⅰ

実施場所：幼稚園又は認定こども園

対象児童：主として，幼稚園等に在籍する満3歳以上の幼児で，教育時間の前後又は長期休業日等に当該幼稚園等において一時的に保護を受ける者。

■幼稚園型Ⅱ　当分の間の措置として，保育を必要とする2歳児の受け皿として定期的な預かりを行うもので，対象自治体は，「『子育て安心プラン』の実施方針について」（平成29年12月21日子保発1221第1号）別添の1に定める市町村。

実施場所：幼稚園

対象児童：満3歳未満の小学校就学前の子どもで，「子ども・子育て支援法施行規則」（平成26（2014）年内閣府令第44号）第1条で定める事由により家庭において必要な保育を受けることが困難であるものとして市町村に認定を受けた2歳児。

■余裕活用型

実施場所：保育所や認定こども園等で利用児童数が利用定員総数に満たないもの。

対象児童：主として保育所，幼稚園，認定こども園等に通っていない，または在籍していない乳幼児。

■居宅訪問型

実施場所：利用児童の居宅

対象児童：家庭において保育を受けることが一時的に困難となった乳幼児で，障害，疾病等により，集団保育が著しく困難であると認められる場

合や，ひとり親家庭等で，保護者が一時的に夜間及び深夜の就労等を行う場合，離島その他の地域において，保護者が一時的に就労等を行う場合など。

■地域密着Ⅱ型

実施場所：地域子育て支援拠点や駅周辺等利便性の高い場所など

対象児童：主として保育所，幼稚園，認定こども園等に通っていない，又は在籍していない乳幼児。

　この他，「一時預かり事業実施要綱」には，出産や介護等により一時的に里帰りする場合において，里帰り先の市町村が適当であると判断した場合は，住所地市町村の保育所等に在籍している児童を里帰り先の市町村において，一時預かり事業の対象としても差し支えないことが明記されています。

(11)　病児・病後児保育事業

　子どもが病気の際に保護者の勤務等の都合により，家庭での保育が困難な場合，病院・保育所，その他の場所において，病気の児童を一時的に保育する事業です。病児・病後児保育事業は，対象となる子どもや実施要件により4つの型に分類されています。

■病児対応型

対象：病気の回復期に至らない子ども

内容：病院・診療所，保育所等に付設された専用スペースにおいて，看護師等を利用児童おおむね10人につき1名以上配置するとともに，病児が安心して過ごせる環境を整えるために，保育士を利用児童おおむね3人につき1名以上配置

■病後児対応型

対象：病気の回復期にある子ども

内容：病院・診療所，保育所等に付設された専用スペースにおいて，看護師等を利用児童おおむね10人につき1名以上配置するとともに，病後児が安心して過ごせる環境を整えるために，保育士を利用児童おおむね3人につき1名以上配置

■体調不良児対応型

対象：事業実施保育所等に通所しており，保育中に微熱を出すなど体調不良となった児童であって，保護者が迎えに来るまでの間，緊急的な対応を必

要とする児童

内容：保育所等の医務室や余裕スペース等で，衛生面に配慮されており，対象児童の安静が確保されている場所において，看護師等を常時1名以上配置し，預かる体調不良児の人数は，看護師等1名に対して2人程度

■非施設型（訪問型）

対象：病児及び病後児

内容：研修を受けた看護師や保育士，家庭的保育者が子どもの自宅を訪問して一時的に保育を行う。看護師等1名に対して預かる対象児童は1名程度

　病児対応型，病後児対応型，体調不良児対応型においては，保育所等に通っている子どもが体調不良になった場合で，保護者が迎えに行くことが困難な時に，病児・病後児保育室の看護師・保育士等が緊急的に子どもを迎えに行き，病児・病後児保育室で一時的に保育を行う「送迎対応」を実施する自治体もあります。

⑿　地域子育て相談機関

　市区町村の「こども家庭センター」は行政機関であり，子育て世帯の中には直接相談することに抵抗感がある家庭もあり得ることから，地域子育て相談機関は，こども家庭センターを補完する役割を担う機関として設置されました。「地域子育て相談機関設置運営要綱」には，「地域子育て相談機関は，利用者にとって敷居が低く，物理的にも近距離に整備されていることを理想とし，子育て世帯との接点を増やすことにより，子育て世帯の不安解消や状況把握の機会を増やすことを目的としたものである」と示されています。すべての妊産婦及びこどもとその家庭（里親及び養子縁組を含む）等を対象としており，18歳を超えるこどもに関する相談についても，適切な相談機関につなぐなど柔軟な対応を行うことが明記されています。また，実施場所として，保育所，幼稚園，認定こども園，地域子育て支援拠点事業の実施場所，児童館など子育て家庭にとって身近な施設があげられています。

　業務内容としては，「相談支援」，「子育て世帯に対する情報発信」，「子育て世帯とつながる工夫」，「関係機関との連携」があげられています。このうち，子育て世帯とつながる工夫としては，地域子育て相談機関は子育て家庭が積極的に足を運びやすい環境づくりが望まれる一方で，地縁血縁がない土地で子育てをする家庭や孤立している家庭は，地域子育て相談機関に自らつながること

が難しいことをふまえ，SNSやメール，オンラインなどを活用し，子育て家庭にとって使い慣れた方法で子育て相談機関と接点が持てるような工夫を行うことが期待されています。

そして，相談や面談を行う中で，必要に応じて，本人の同意を得たうえでこども家庭センターに情報共有し，サポートプランの作成や必要な支援につなげ，関係機関と共に継続的に地域での見守りを行います。このほか，要保護児童対策地域協議会の構成員として参画する役割も担うことになっています。

4　その他の社会資源

子ども・子育て支援法を柱とする新制度において重点施策に位置付けられてはいませんが，地域住民の互助や民間での取り組みを中心に，子育て支援の一翼を担う社会資源についても紹介します。

(1)　子育てサークル

子育てサークルは，育児サークル，ママサークルとも呼ばれ，子育て中の親たちが子どもと共に集まって遊んだり，情報交換をしたり，日常の子育ての悩みをお互いに相談し合うことを目的とする子育てのグループやその活動を指します。少子化対策としては，新エンゼルプランにおいてサークルの育成支援が打ち出されたこともあり，地域子育て支援拠点や公民館などでの交流をきっかけに誕生するサークルが増えてきました。また，保育所・幼稚園未就園の子どもたちが集団で遊ぶ経験が少なくなっていることもあり，親子で集まる子育てサークルは子どもの育ちの場としても大切な役割を担っています。

(2)　民生委員・児童委員，主任児童委員

厚生労働大臣から委嘱を受け，地域住民の見守りや必要な支援を行うことで地域福祉の推進を担い，行政機関の業務に協力する職務を担うのが民生委員です。民生委員は児童委員を兼務しているため，一人の民生委員を「民生委員・児童委員」と呼んでいます。

児童委員の役割は母子・父子家庭，児童虐待や要保護児童など児童福祉に関する諸問題に対応する相談や援護活動を行うことです。また主任児童委員は，児童福祉法の一部改正により2001年に法定化された制度で，児童福祉に関する事項を専門的に担当する民生委員・児童委員です。

民生委員・児童委員，主任児童委員の代表などが，多くの自治体において要保護児童対策地域協議会の構成メンバーを務めており，虐待の早期発見や通告，児童相談所等の関係機関との連携による家庭への援助や見守りなどの役割が期待されています。また，乳児家庭全戸訪問事業において，民生委員・児童委員が対象家庭と関係機関の連絡調整や訪問後の家庭への継続的な支援や見守りなどを担当する市町村もあります。近年では，民生委員・児童委員や主任児童委員が中心となり親子の交流の場を運営するなど，地域の子育て家庭との交流に努めている自治体の実践例も報告されています。

(3) 子育てサポーター

子育てサポーターは，文部科学省の事業として平成12年度から平成15年度までに配置されてきた家庭教育の支援者を指します。現在では都道府県や自治体などの単独事業として養成が行われています。事業実施主体が養成講座を開催し，それを規定どおり受講した地域住民が子育てサポーターとして認定されます。他方，より広義な呼称として，子育てを応援する人や，保育ボランティアやベビーシッターと同様の支援を提供する者の呼び方として使用される場合もあります。

例えば子育てサポーター養成に取り組んでいる長野県上田市では，養成講座終了後の活動として地域子育て支援拠点や公民館などでの子育て支援活動への参加が予定されています。また，サポーター同士の活動報告や情報交換を図るため，サポーター連絡会議を2か月に1度開催したり年に1回は研修会を開催し，サポーター活動の継続と活性化に取り組んでいます[15]。養成講座終了後に活動の場が設けられていることで，地域住民による自発的な子育て支援活動が次第に機能し，定着するようになっています。

(4) 保育ボランティア

地域子育て支援拠点や公民館などで活動する保育ボランティアも，地域住民による子育て支援活動の一つです。地域子育て支援拠点において，利用者親子を対象とした講習等を実施する際に保育ボランティアを活用したり，地域住民を対象にボランティア養成講座を開催するところもあります。地域子育て支援拠点の他にも，都道府県や市町村による養成も行われています。

保育ボランティアの養成は，地域住民が子育ての現状や子育て支援の必要性

を学ぶ機会を設けることで，子育て家庭に対する理解者や応援者を増やす役割を担っています。主な活動としては，親向けの講習会などの託児ルームにおいて有資格者とともに一時預かりを担当したり，地域子育て支援拠点における子どもの見守りなどがあります。

(5) ベビーシッター（企業主導型ベビーシッター利用者支援事業等）

　ベビーシッターは，ライフスタイルや雇用形態の多様化によりニーズが高まっている社会資源であり，近年，待機児童対策としても活用されるようになっています。子ども・子育て支援新制度の企業主導型保育事業に位置付けられており，独自に待機児童の解消策としてベビーシッター利用の助成を行う自治体もあります。

　ベビーシッターは，保育・教育施設で行われる集団保育とは異なり，依頼者の家庭で保育を行うものです。子どもを保育することの他にも，病後児の保育，保育所や学童保育への送迎，ピアノや英会話などの個人レッスン，家事代行など保護者の要望に応じたサービスを行うベビーシッターもあります。

〔注〕

1) 株式会社マーケティング・コミュニケーションズ（2022）「令和3年度 人生100年時代における結婚・仕事・収入に関する調査報告書」（令和3年度内閣府委託調査）.

2) 厚生労働省（2024）「令和5年（2023）人口動態統計月報年計（概数）の概況　結果の概要」

3) 厚生労働省（2023）「2022（令和4）年　国民生活基礎調査の概況」

4) 阿部　彩（2014）『子どもの貧困Ⅱ―解決策を考える―』岩波書店

5) 耳塚寛明他（2014）「文部科学省委託研究『平成25年度全国学力・学習状況調査（きめ細かい調査）の結果を活用した学力に影響を与える要因分析に関する調査研究』」国立大学法人お茶の水女子大学.

6) 厚生労働省（2021）「令和3年版厚生労働白書―新型コロナウイルス感染症と社会保障―」

7) 厚生労働省（2023）「令和3年度　全国ひとり親世帯等調査結果の概要」

8) 内閣府（2023）「男女共同参画白書　令和5年版」

9) 渡辺顕一郎（2013）「震災後の子育て環境の変化と子育て支援」日本子どもを守る会編集『子ども白書2013』本の泉社.

10) 日本学術会議臨床医学委員会出生・発達分科会・東日本大震災対策委員会（2011）『提言　東日本大震災とその後の原発事故の影響から子どもを守るために』

11) 野口比呂美（2021）「避難してきた子育て家庭を支えるために」復興ボランティア支援センターやまがた編『未来へ伝えたい東日本大震災　山形の支援活動10年のあゆみ』

に基づき，執筆者である「やまがた育児サークルランド」の代表：野口氏にインタビュー調査を行い活動実績等をまとめた．

12）こども家庭庁（2024）「こども家庭センターガイドライン」

13）文部科学省（2024）「令和5年度幼児教育実態調査」

14）厚生労働省（2023）「令和3年度地域保健・健康増進事業報告の概況」

15）文部科学省生涯学習政策局男女共同参画学習課家庭教育支援室（2007）「家庭教育支援のための連携事例集」

第3章 保育・子育て支援における子ども家庭支援

　少子化が加速度的に進行する中，国家的な少子化対策や関連施策が次々に打ち出されてきましたが，それでもなお少子化に抑制がかからない状況において，さらなる子育て支援の拡充が必須の課題となっています。他方，子ども家庭支援の観点に立つならば，少子化対策の手段として子育て支援を論じるのではなく，むしろ子育て当事者の視点から社会的課題を見つめ直し，社会全体で子育てを支える仕組みとして子育て支援のあり方を検討する必要があると考えます。

　本章では，現代の子育て家庭が置かれた状況を踏まえつつ，保育・子育て支援における子ども家庭支援のあり方について述べていきます。とくに，子育て家庭にとって身近な地域に存在する保育所などの就学前施設や，子育て支援センターなどの地域子育て支援拠点の機能や役割に注目して考察を進めていきます。

第1節　子育て支援の必要性と基本的視点

1　子育て支援が必要とされる背景

　子どもが誕生すると，家族は様々な夢や期待を膨らませます。また多くの親は，思いやりにあふれたやさしい人に育ってほしいという願いを抱きます。そのこと自体はとても健全なことですし，健全な願いと愛情にあふれた親に育まれる子どもはやさしい人に育つと信じています。

　しかし，子どもを大切に思っていても，親自身が様々な悩みや不安を抱え，子育てに取り組む自信や余裕を失うことがあります。これまで述べてきたように，地域の関係が希薄になり家庭の孤立が進む中では，子どもの育ちだけでなく，親の子育てを支える視点も必要です。

　動物学の研究では，母または親以外のものが子どもを養育することを「アロ

マザリング」(allomothering) といいます。人間はアロマザリングが発達している動物ですが，動物界全体で見ればアロマザリングはわずかな分類群で観察される特異な行動であり，哺乳類でも 0.1％強の種にしか見られません[1]。

他の動物に比べると，人間の子育ては長期にわたり，しかも複雑で多様な課題を持っています。大量の時間や労力を費やす人間の子育ては，一人の親（母親）だけでは不可能であり，親以外の人による養育が必須となるのです[2]。

私たちの国では，地域で協力して子どもを育んできた歴史があります。かつて第一次産業が中心だった時代には，人々は土地に定住して集落を作り，親族や住民同士が助け合って生活していました。しかし，そのような社会の様子は，戦後の経済成長期を経て都市化が進行するにつれて急速に崩れていきまし

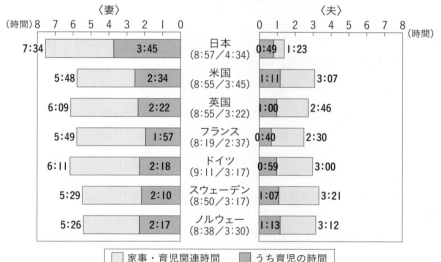

図 21●6 歳未満の子どもを持つ夫婦の家事・育児関連時間（週全体平均）
（1 日当たり，国際比較）

（備考）1. 総務省「社会生活基本調査」（平成 28 年），Bureau of Labor Statistics of the U.S. "American Time Use Survey" (2018) 及び Eurostat "How Europeans Spend Their Time Everyday Life of Women and Men" (2004) より作成。
2. 日本の値は，「夫婦と子供の世帯」に限定した夫と妻の 1 日当たりの「家事」，「介護・看護」，「育児」及び「買い物」の合計時間（週全体平均）。
3. 国名の下に記載している時間は，左側が「家事・育児関連時間」の夫と妻の時間を合わせた時間。右側が「うち育児の時間」の夫と妻の時間を合わせた時間。

（出典：内閣府「令和 2 年版　男女共同参画白書」）

た。地域の社会関係が希薄になり，核家族が定着するなかで「子育て」という営みが家庭の中に閉じ込められてしまったのです。

保守的な性別役割分業が根強く残る日本の社会では，幼い子どもの育児や家事労働の大半を女性が担っています（**図21**参照）。子育ての支えが得にくいだけでなく，女性に集中する家庭内の役割及び負担が，母親の育児不安や産後うつ，少子化などの社会問題の要因として作用している可能性は否めません。

乳幼児期は，人格形成の基礎を築く重要な段階ですが，親にとっては獲得を要する育児の知識・技術が多岐にわたるため，戸惑いや不安が生じやすい時期です。また，幼い子どもを伴う生活は行動範囲が制限されるため，親子が社会的に孤立する傾向も高くなります。

わが子の成長の様子を熟知し，日常的に顔を合わせる保育士のような存在は，親にとって「心強い味方」になり得ます。地域のつながりが希薄化し，子育てに孤軍奮闘する母親が増えているからこそ，身近な保育所や地域子育て支援拠点などに，気兼ねなく悩みや不安を相談できる専門職が配置されていることが大切です。

2　地域における社会関係の希薄化

現代の社会においては，地域の社会関係が希薄になる中で，子育てを支える地域ネットワークが機能しにくくなっています。ここでは**図22**に示したように，世代を超えた子育て経験の受け渡し（タテの関係），子育て現役世代の支えあい（ヨコの関係）の2つの軸に置き換えて，地域ネットワークの全体像をとらえてみます。

タテの関係は，祖父母世代，親世代，そして子ども世代へと，世代を超えた結びつきの中で子育て経験が受け渡されていく関係性をあらわしています。ただし，核家族が定着した現代では，子育てを経験してきた先輩世代（祖父母世代）から現役世代（親世代）に対して，経験に基づく知識や技術を伝授することがきわめて難しくなっています。

次に，ヨコの関係は，同じ時代に子育てをする親世代の支えあいをあらわしています。同世代だからこそ，価値観や境遇を共有しやすく，お互いに理解しあえる関係が築きやすい面があります。しかし，現代のように都市化が進み，常に人口移動がある中では，子育て家庭は容易に孤立してしまいます。一方，人口減少や過疎化が進む地方部では，子育てを行う若い世代が急速に減少する

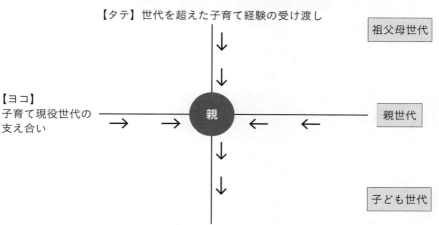

中で，同じ世代の仲間を見出すことが難しくなっています。

　子育てとは，家庭の中だけで完結する営みではなく，本来は上記のようなタテとヨコの関係に支えられ，地域の関与があってこそ成立する営みであると考えます。現代のように，地域のタテの関係もヨコの関係も分断され，子育てという営みが家庭の中だけに閉じ込められていく状況は決してノーマルではないと思います。

　社会の状況が変化しても，子育てが本質的に試行錯誤の繰り返しであることは今も昔も変わりありません。子どもの成長にあわせてバランスをとりながら，親として一歩ずつ前進する子育てという営みは「綱渡り」に似ているように思います。完ぺきな親などいないのですから，昔の親もときには失敗して綱から落ちることがあったはずです。しかしその下には，転落事故を防ぐ「地域」というセーフティーネットが張り巡らされていました。地域の関係が希薄化し，セーフティーネットがなくなってしまった現代では，失敗はそのまま大けがにつながる危険性があります。

　少子化が進む中，児童虐待や少年犯罪，引きこもる子どもたちの問題が頻発するような状況は，家庭だけでなく，地域の子育て力が低下してしまったことへの警鐘として受け止めるべきではないでしょうか。地域というセーフティーネットがない現代の子育ては，失敗が許されないだけに，親の緊張や不安もひときわ高くなるのです。

3　子育て支援の基本的視点

第1章で子ども家庭支援については，「子ども・子育てをめぐる様々な問題に対して，子育て家庭を対象とし，家庭生活の維持・安定を目的として行われる支援の総称」であると述べてきました。そのような意味で子育て支援とは，従来からの児童福祉における養護・障害・非行といった特定の問題領域よりも，むしろあらゆる子育て家庭を対象とし，普遍的な家庭支援のあり方を追求する領域であると位置づけることができます。ここでは，こうした子ども家庭支援の考え方に基づき，子育て支援の基本的視点（支援の方向性）について述べます。

■家庭と地域の子育て力を高める

核家族化や共働き家庭の増加等により，家庭における子育て力の低下が叫ばれる中，親の養育能力を高める必要性が指摘されています。しかしながら既述のように，子育ては親だけで担えるものではなく，親族や地域の支えが必須であることを前提とするならば，地域の子育て力を高めることも大切です。

子育て支援においては，親・家庭への支援と併せて，地域交流やネットワークづくりにも積極的に取り組む必要があると考えます。住民の相互理解によって子育て家庭を温かく見守り，社会全体で子育てを支える環境づくりに取り組むことが，親の子育て力を高めることにもつながります。

■子どもの発達を支える

近年，家庭の孤立化が進む中，親同士だけでなく，子ども同士がかかわり合って育つ機会が減少しています。言うまでもなく，乳幼児期は人格形成の基礎が培われる重要な時期です。親子の信頼関係を土台として，子どもの中に他者への興味や関心が広がるにつれ，周囲の環境に対する主体的なかかわりが芽生えてきます。したがって，子ども同士，あるいは親以外の大人との交流の機会を保障することが，子どもの発達を促すためには必要なのです。

子育て家庭が孤立する中，親だけでなく，子どもにとっても保育所や地域子育て支援拠点などが，他者との出会いや交流の場となっています。子育て支援においては，親子に対する直接的な支援だけでなく，地域の人たちの手によって子どもが育まれるような環境づくりにも力を入れることが大切です。

■地域の実情，特色に着目する

　子育て支援の推進に当たっては，その地域の実情に着目し，特有の子育てニーズに沿った支援のあり方を検討する必要があります。たとえば地方によって，人口規模，人口の流出入，母親の就業率，祖父母との同居率も異なれば，自然環境や風土・文化も大きく異なってきます。そのような意味で，どの地域であっても標準的な支援が保障されることは重要ですが，その半面，地域の状況にかかわりなく画一的な支援が行われることは不自然だと思われます。

　子育て支援の実践においては，核となる働きをふまえながらも，それぞれの地域に根ざした取り組みや活動のあり方を追求することが大切です。そのためには，①身近な地域の中で支援を受けられる環境づくり，②その地域にある社会資源を最大限に活用する，③その上で地域の実情や特色に見合った支援のあり方を模索する，という働きかけが求められます。

■予防を重視する

　従来から社会福祉分野においては，不適切な養育や虐待の恐れがある家庭，障害児を養育している家庭，ひとり親家庭など，子育てにおいてより多くの困難を抱えやすい家庭への対応を中心に実践が展開されてきました。しかしながら，深刻な問題によって子どもや家庭が被るダメージを考えると，問題そのものの発生を防止するような予防的な支援が求められることはいうまでもありません。

　第1章で述べてきたように，近年では児童虐待防止などの対応をめぐって，すでに起こっている問題への事後対応ではなく，その前段階でリスクの発生を防止する「ポピュレーションアプローチ」が重視されるようになっています。地域における子育て支援に期待されるのは，あらゆる子育て家庭を対象に，問題の発生そのものを防止する「1次予防」の働きです。

　子育て支援を充実させることによって，家庭の孤立化を防ぎ，子育ての悩みや不安が蓄積されないように支援することは，問題の発生やその重症化を予防することにつながります。日本の社会福祉制度は障害・社会的養護・保育・子育て支援など領域別に分かれており，行政の担当部署も縦割りになっている場合が多いのですが，専門職間の連携や地域のネットワーク形成によって，予防的な支援に取り組むことが大切です。

第2節　子ども家庭支援における保育所の役割

1　保育をめぐる動向

　保育所（認定こども園の保育所機能を含む）は，児童福祉法において，保育を必要とする乳幼児を保育することを目的とする施設としてだけでなく，地域住民に対して保育に関する相談・情報提供などを行う働きも規定されています。また，児童福祉施設のなかで保育所は最も多く設置されており，地域住民にとって身近に感じられる施設です。それゆえに，保育所に通う園児とその保護者だけでなく，在宅で子育てする家庭を含め，地域に根差した子育て支援を推進する働きが求められているのです。

　近年，子どもが低年齢時期からの夫婦共働きが急速に増えており，保育所などの保育を必要とする乳幼児の割合が高まっています。図23の保育所等利用率の推移を示すように，平成20（2008）年には1・2歳児の保育利用率は27.6％でしたが，令和5（2023）年では2倍以上の57.8％に達しています。ま

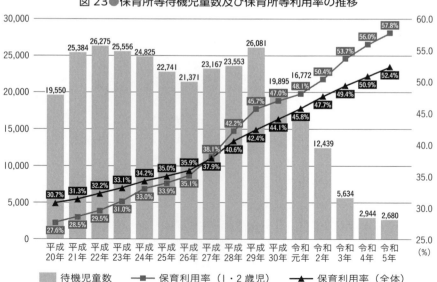

図23●保育所等待機児童数及び保育所等利用率の推移

（資料：厚生労働省「保育所等関連状況取りまとめ（平成27年4月1日）」・こども家庭庁「保育所等関連状況取りまとめ（令和5年4月1日）」に基づき筆者が作図）

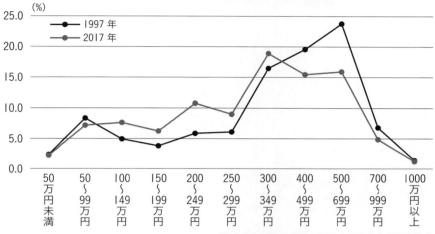

図24●所得階級別雇用者構成（30歳代）

（出典：内閣府「令和4年版 少子化社会対策白書」）

た，保育所等待機児童数は，保育所等の増設や，出生数が減少していることも相まって近年は減少傾向を示していますが，2023年4月1日時点で2,680人となっており，完全には解消できていません。

　保育の利用率が急速に伸びている背景にある生活実態としては，若い現役世代の収入が伸び悩んでいることが挙げられます。図24に示すように，30代の収入に目を向けると，1997年には年収500〜699万円の雇用者の割合が最も多かったのですが，2017年には300万円台の雇用者が最も多くなっています。いわゆる「子育て世代」に相当する30歳代の所得分布は，1997年から2017年の20年間で低所得側にシフトしていることがわかります。

　当然ながら，夫の収入だけでは家計が維持できなかったり，十分な生活費が賄えない家庭が増えるほど，共働きが増加していくことになります。第1章でも述べたように，近年では結婚・子育て期に相当する25〜44歳の女性の就業率が急速に高まり，2021年に78.6％に達しているのも，若い世代の収入の伸び悩みが影響を与えているといえます。

　また，図25が示すように，女性の就業率と1・2歳児保育利用率には正の相関がみられるだけでなく，人口減少が進む地方部において女性就業率及び保育の利用率が高くなる傾向が示されています。人口減少とともに働き手の減少が社会問題となり，今後も女性の就業率は高まることが予測されることから1・

図25●女性就業率（25～44歳）と1・2歳児保育利用率の都道府県別状況

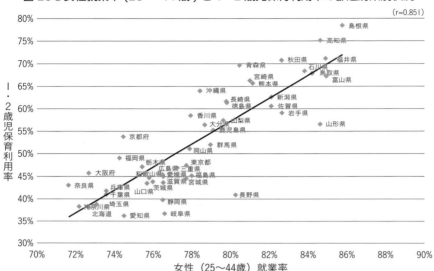

（出典：厚生労働省子ども家庭局保育課（2021）「保育を取り巻く状況について」）

2歳児の保育利用もさらに需要が見込まれます。

2　保育所保育指針に示された子育て支援の役割

　これまで述べてきたように，家庭生活においては子どもが幼い時期から共働きを前提とする生活様式へと移行する中で，保育所は乳幼児に対して保育を行う大切な役割を担っています。また，家庭の経済状況だけでなく，性別にかかわりなく就労・就業を通じて社会で活躍する機会を保障するためにも，保育所等の保育サービスが不可欠です。

　保育所は全国に2万2千か所以上設置されており，どの地域においても存在する貴重な社会資源だといえます。子育て家庭にとって身近な相談の場であると同時に，家庭と地域を結びつける「架け橋」としての働きを担うことがますます重要になると考えられます。

　保育所に関しては，児童福祉法に基づく施設として「児童福祉施設の設備及び運営に関する基準」において最低限守らなくてはならない基準が定められていますが，日々の保育の基本となる考え方や保育内容などについては別途「保育所保育指針」が国から示されています。1994年に策定された国家的な少子

化対策であるエンゼルプラン以降，保育所は子育て支援の拠点的な役割を期待されるようになり，1999年に改定された保育所保育指針において，保育所における子育て支援の役割が明文化されました。「第13章保育所における子育て支援及び職員の研修など」という新章が設けられ，「1　入所児童の多様な保育ニーズへの対応」，「2　地域における子育て支援」，「3　職員の研修等」，保育所における子育て支援のあり方や，それに対応する職員の研修等の重要性が具体的に記されたのです。第13章の冒頭には，「地域において最も身近な児童福祉施設であり，子育ての知識，経験，技術を蓄積している保育所が，通常業務に加えて，地域における子育て支援の役割を総合的かつ積極的に担うことは，保育所の重要な役割である」とあり，この時点においては，保育所にとって子育て支援は，通常業務に加えて行うことになった業務として位置付けられていることがわかります。

　2008年の改定では，総則にその役割が示されました。第1章総則2（3）には，「保育所は，入所する子どもを保育するとともに，家庭や地域の様々な社会資源との連携を図りながら，入所する子どもの保護者に対する支援及び地域の子育て家庭に対する支援等を行う役割を担うものである」とあり，総則に示すことにより，保育所に求められている「子どもを健やかに育てること」と，「子どもの保護者及び地域の子育て家庭を支援すること」の2つの役割が明確化されたのです。また，第6章保護者に対する支援の冒頭には，「保育所における保護者への支援は，保育士等の業務であり，その専門性を生かした子育て支援の役割は，特に重要なものである。」と記されています。

　第6章は「1　保育所における保護者に対する支援の基本」，「2　保育所に入所している子どもの保護者に対する支援」，「3　地域における子育て支援」で構成されています。保育所に入所している子どもの保護者に対する支援については，保護者との相互理解を図ること，仕事と子育ての両立への支援，子どもに障害や発達上の課題が見られる場合，育児不安が見られる場合，不適切な養育等が疑われる場合などの取り組みと留意点等が書かれています。地域における子育て支援としては，「ア　地域の子育ての拠点としての機能」と，「イ　一時保育」があげられ，地域の子育ての拠点としての機能として，「㈠子育て家庭への保育所機能の開放（施設及び設備の開放，体験保育等）」，「㈡子育て等に関する相談や援助の実施」，「㈢子育て家庭の交流の場の提供及び交流の促進」，「㈣地域の子育て支援に関する情報の提供」が提示されています。

2018 年の改定では子ども・子育て支援新制度の理念が反映され，これまで
の「保護者支援」の表記は「第 4 章　子育て支援」となりました。章の冒頭に
は保育所における保護者に対する子育て支援として，子どもの育ちを家庭と連
携して支援していくとともに，保護者及び地域が有する子育てを自ら実践する
力の向上に資するよう書かれています。「1　保育所における子育て支援に関す
る基本的事項」には，保護者の自己決定の尊重や，地域の関係機関等との連携
及び協働を図り保育所全体の体制構築につとめることに留意するよう書かれて
います。「2　保育所を利用している保護者に対する子育て支援」には，保護者
との相互理解，保護者の状況に配慮した個別の支援，不適切な養育等が疑われ
る家庭への支援について述べられています。「3　地域の保護者等に対する子育
て支援」には，地域に開かれた子育て支援として，保育所等の専門性を生かし
た子育て支援を積極的に行うよう努めることと，地域の子どもに対する一時預
かり事業などの活動を行う際の留意点があげられています。

3　幼保連携型認定こども園教育・保育要領に示された子育て支援

　幼保連携型認定こども園は，第 2 章で述べたように，認定こども園法がス
タートした当初は認定こども園の 1 類型でしたが，その後の制度改正により保
育所や幼稚園と同様に独立した施設となりました。これに伴って，国からは保
育所に「保育所保育指針」，幼稚園に「幼稚園教育要領」が示されているよう
に，幼保連携型認定こども園についても教育及び保育内容や基本的な考え方を
示す「幼保連携型認定こども園教育・保育要領」が発出されました。

　2014 年に告示された幼保連携型認定こども園教育・保育要領の第 1 章総則
第 3 節の幼保連携型認定こども園として特に配慮すべき事項の 6 には，保護者
の子育てへの支援について記されています。その後，内容に大きな変更はない
ものの，2018 年の改訂では，「第 4 章　子育ての支援」という独立した章とし
て示されるようになりました。同時期に改定された保育所保育指針と同様に，
地域の関係機関等との積極的な連携及び協働を図ることとされています。

　また，「第 2　幼保連携型認定こども園の園児の保護者に対する子育ての支
援」としては，「教育及び保育の活動に対する保護者の積極的な参加は，保護
者の子育てを自ら実践する力の向上に寄与するだけでなく，地域社会における
家庭や住民の子育てを自ら実践する力の向上及び子育ての経験の継承につなが
るきっかけとなる。これらのことから，保護者の参加を促すとともに，参加し

やすいよう工夫すること」や,「保護者の生活形態が異なることを踏まえ,全ての保護者の相互理解が深まるように配慮すること」が求められています。「第3　地域における子育て家庭の保護者等に対する支援」においては,「幼保連携型認定こども園は,地域の子どもが健やかに育成される環境を提供し,保護者に対する総合的な子育ての支援を推進するため,地域における乳幼児期の教育及び保育の中心的な役割を果たすよう努めること」と明記されており,子育て支援の中核的な役割が期待されていることがわかります。

　このように,保育所及び認定こども園は,在園児とその保護者に対する支援だけでなく,地域の子育て家庭に対する支援を行うことが期待されています。1999年の保育所保育指針においては「通常業務に加えて行う業務」として明記され,その後の改定により入所する子どもの保育とともに,入所する子どもの保護者及び地域の保護者に対する支援等を行う役割は「保育士等の業務」となりました。そして,現行の指針及び教育・保育要領からは,保護者及び地域が持っている,「子育てを自ら実践する力」の向上の助けとなることが求められるようになっています。

4　保育所等が担う子育て支援をめぐる現状と課題

　これまで述べてきたように,保育所には,在園児の保護者に対する支援だけでなく,地域の子育て家庭に対する支援を行うことが求められています。実際に,園開放・園庭開放などを通した親子の交流支援,育児相談・講座,子育てサークル支援などに取り組む保育所は着実に増えているといえます。また,乳幼児の親に対して,子育てに悩んだり困ったりしたときに身近に相談できる"かかりつけ保育園"を登録してもらい,保育所の子育て支援の活用を促す「マイ保育園制度」を実施する自治体も徐々に増えています。たとえば,マイ保育園制度を独自事業として最初に開始した石川県では,妊娠時から3歳までの子どもを持つ子育て家庭が居住地近くの保育所に登録した場合,出産前には授乳や沐浴等の育児体験,子育て中の親には3回まで一時保育を無料で利用できたり,保育士などから育児相談などの支援を受けることができます。

　認定こども園は,先述のように在園児および地域の保護者に対する子育ての支援を行うことが必須とされています。保育所と同様に,子育てに関する相談や講座の開催,親子の相互交流など,様々な実践例が報告されているほか,地域子育て支援拠点事業や一時預かり事業を併設する認定こども園もみられま

す。その一方で，相互交流の場所の確保，人材（職員等）の確保や活動の財源確保など，子育て支援を推進していくための課題があることも指摘されています[3]。

　第2章でも述べたように，市町村の役割として，子育て家庭を対象に問題の発生そのものを防止する「1次予防」や，問題の早期発見・早期支援に至る「2次予防」など，包括的な支援体制の構築が求められるなか，保育所等（認定こども園を含む）もその支援体制の一翼を担うことが重要です。地域の社会資源の利用を促すために，あるいは支援の必要度が高い家庭に対して社会資源の連携を図るためにも，子どもが日々通う，あるいは在園児やその保護者でなくても利用できる保育所等が，包括的な支援の「入口」となることが期待されます。そのためには，保育所等において子育て支援を担う人材の確保だけでなく，職員の専門性を高めるための研修等を充実させていくことが課題だといえるでしょう。

第3節　地域における子育て支援の役割

1　乳幼児期に子育て支援が必要とされる理由

　本来，子育てを支えるための社会的支援は，子どもの発達時期で区切るべきではなく，子どもが社会的自立を果たすまで一貫して必要とされるものです。日本の児童福祉法では18歳未満を児童と定義していますから，法に従えばそれまでは子育ての期間とみることもできます。近年では，乳幼児期の保育・子育て支援だけでなく，児童館や放課後児童クラブ，青少年の居場所づくりやフリースクールなど，学童期以降の支援にも力が入れられるようになっています。

　他方，乳幼児期には，親に対する支援が必要とされる特有の理由があります。先述のように乳幼児期は，親として獲得を要する育児の知識・技術が多岐に渡るため，戸惑いや不安が生じやすい時期です。また，幼い子どもを伴う生活は行動範囲が制限されるため，親子が孤立する傾向も高くなります。とくに第1子の養育においては，きょうだい児の子育て経験がないだけに，親が不安を経験しやすいという特徴があります。また，保育所を利用せずに在宅で子育てを行う場合，幼稚園就園前の低年齢児の親のほうが孤立するリスクは高まり

第3章　保育・子育て支援における子ども家庭支援　　73

図26●乳児を育てる母親の1日

時間	赤ちゃんの様子	親の様子
0:00	夜泣き・授乳①	おむつ換え①、授乳①
		抱っこして歩き回る（抱かないと泣き続けて近所迷惑なため）
3:00	授乳②	おむつ換え②、授乳②
	飲み終わっても寝ない	抱っこ
4:00	やっと寝付く	寝る
6:00	泣いて起きる、授乳③	抱っこ、おむつ換え③、授乳③、哺乳瓶洗い・消毒
	1人遊び	朝食の準備
		夫出勤、洗濯、ゴミ出し、片付け
9:00	授乳④	おむつ換え④、授乳④、哺乳瓶洗い・消毒
10:00	1人遊び	朝食、食事後片付け
		洗濯物干し、片付け、掃除、おむつ換え⑤、抱っこ
	昼寝	少し寝る
12:00	泣いて起きる、授乳⑤	おむつ換え⑥、抱っこ、授乳⑤
	散歩	抱っこ、散歩、買い物
15:00	授乳⑥	おむつ換え⑦、抱っこ、授乳⑥、哺乳瓶洗い・消毒
	眠くて泣く	抱っこ
	昼寝	寝る、夕食の準備
17:00	起きる	抱っこ、おむつ換え⑧
18:00	1人遊び	洗濯物片付け
	授乳⑦	おむつ換え⑨、抱っこ、授乳⑦、夕食
19:00	お風呂	お風呂の準備、入浴、片付け、白湯を飲ませる
20:00	1人遊び	夕食片付け
	寝る	
	起きる	おむつ換え⑩、抱っこ、夫帰宅、夫食事、片付け
21:00	授乳⑧	抱っこ、授乳⑧、哺乳瓶洗い・消毒
22:00	寝る	抱っこ

吹き出し（右側）:
- なんで泣くんだろう？ 何をすれば泣き止むんだろう？
- 少し位手伝ってくれてもいいのに また一人ぼっちになっちゃう…
- 思い通りに家事が進まない いらいらする
- 泣きたいのは私だ 愚痴を聞いてくれる人もいない
- 手伝ってくれる人がいればいいのに パパ早く帰ってこないかな…
- やっと今日が終わった 今夜は何時間寝れるかなぁ…

（出典：渡辺顕一郎・奥山千鶴子・子育てひろば全国連絡協議会（2014）地域子育て支援士二種養成講座テキスト）

ます。

　図26は，乳児を育てる母親の1日の生活を例示しています。乳児は日常生活に必要な動作を独力で行うことができません。食事・入浴・排泄・移動など，生活のあらゆる面で親のケアを必要とします。子育てをする親は，昼夜を問わず子どもの世話をし，同時に家事もこなさなくてはなりません。結果的に，家にこもりがちな生活になってしまいます。核家族の場合では，父親が子育てに非協力的であれば，家庭内のほとんどの役割を母親が一人で背負わざるを得ない「ワンオペ育児」に陥ります。

　前節で述べてきたように，子育て家庭にとって身近な地域に存在する保育所等が，在園児とその保護者だけでなく，地域に開かれた子育て支援の場として相応の働きを担うことは重要です。その一方で，第2章で説明してきた地域子育て支援拠点事業，一時預かり事業，ファミリー・サポート・センター事業，養育支援訪問事業，利用者支援事業など，地域における各種の子育て支援事業

の役割や働きも重要です。これらの中でも，本節ではとくに，親子の交流を促す居場所型支援として，子育ての相談や情報提供など，地域の子育て支援の中核的機能を担う地域子育て支援拠点事業に注目していきます。

2　地域子育て支援拠点とは

乳幼児期の子育て支援のあり方を考える上で，「子育て支援センター」「子育てひろば」などの地域子育て支援拠点の機能や役割に目を向けることは大切です。児童福祉法では，乳幼児とその保護者が相互に交流できる場所を開設し，子育てについての相談，情報提供などを行う事業として位置づけられています。このような子育て支援の拠点は，北米では「Drop-in」（気軽に立ち寄れる場という意味）と呼ばれ，予防を指向する家庭支援プログラムに位置づけられています。

地域子育て支援拠点の成り立ちをたどれば，1990年代にまで遡ります。1993年に創設された「保育所地域子育てモデル事業」は，1995年に「地域子育て支援センター事業」に名称を変更，制度化されました。2002年には「つどいの広場事業」が創設され，その後の再編・統合を経て，2007年に「地域子育て支援拠点事業」として成立してきた経緯があります。

地域子育て支援拠点は，単独の施設を持つもの，商店街の空き店舗や民家を活用したものなどがありますが，最も多いのは保育所に併設されている形態です。事業のタイプとしては「ひろば型」「センター型」「児童館型」の3つを備え，おもに実施場所や機能に沿った実践が展開されてきましたが，2014年度からは「一般型」「連携型」に再編されています（詳しくは後述します）。

なお，地域子育て支援拠点は，これまでの少子化対策において重点施策の一つに位置付けられてきたこともあり，量的な整備が進められてきました。図27に示すように，実施か所数は急速に増加しており，令和4（2022）年には全国7,970か所に達しています。

3　地域子育て支援拠点に求められる機能

地域子育て支援拠点事業に関しては，一般型・連携型といった事業類型にかかわりなく共通する「基本事業」が定められています。制度に規定された「基本事業」とは，以下の4つです[4]。

①子育て親子の交流の場の提供と交流の促進

図27 ●地域子育て支援拠点事業の実施か所数の推移

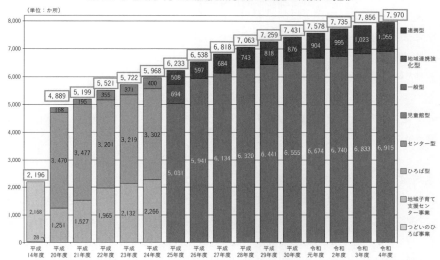

(出典:こども家庭庁ホームページ地域子育て支援拠点事業実施状況(令和4年度実施状況)https://www.cfa.go.jp/assets/contents/node/basic_page/field_ref_resources/321a8144-83b8-4467-b70e-89aa4a5e6735/e27864b0/20230401_policies_kosodateshien_shien-kyoten_31.pdf)

　②子育て等に関する相談，援助の実施
　③地域の子育て関連情報の提供
　④子育て及び子育て支援に関する講習等の実施（月1回以上）
　本項では，これらの「基本事業」に基づいて，地域子育て支援拠点に求められる固有の機能について考えていきます。

■子育て親子の交流の場の提供と交流の促進
　地域子育て支援拠点では，乳幼児や保護者にとって居心地の良い環境をつくりだすことが大切です。明るく開放的な空間，子どもの発達に沿った遊具や遊び，大人（保護者）にとってもリラックスできる環境づくりが必要です。また，場の提供にとどまらず，日常的な活動のなかで親子を紹介し交流を促すことも，支援者に求められる大切な働きです。

■子育て等に関する相談・援助の実施

　地域子育て支援拠点には，子育てに関して一定の知識を有する支援者を配置するように定められており，保護者からの個別の相談に対応し，必要に応じて他の専門機関とも連携しながら適切に援助を行うことが求められています。また，「相談」の意味を広義に解釈するならば，親同士が悩みを打ち明けあったり，仲間に相談することも「子育てに関する相談」として捉えられるでしょう。このように利用者が相互に支え合う関係をつくりだすためにも，普段から親子の交流を促すことが大切になります。

■地域の子育て関連情報の提供

　地域子育て支援拠点は，子育てに役立つ情報や，地域の子育て支援サービスに関する情報を集約し，それらを保護者に対して提供する"情報ステーション"としての働きが求められます。そのためには，地域の子育て関連情報を丹念に収集するだけでなく，子育て中の保護者に対して効果的に伝える工夫も必要です。拠点施設内での情報コーナーや掲示板などの設置にとどまらず，インターネットなどを活用した情報提供を行う拠点もあります。

■子育て・子育て支援に関する講習等の実施

　地域子育て支援拠点では，保護者が子育てに関する知識等を学ぶことができるように，講習会や講座を開催することが求められています。また地域の意識啓発やボランティア養成のための講習等を開催し，子育て支援に関する住民の理解を高めたり，活動への参画を促す機会をつくりだすことも大切です。

4　地域子育て支援拠点における支援者の役割

　地域子育て支援拠点においては，「一般型」には専従職員を2名以上配置，「連携型」の場合には専従職員1名以上に本体施設の職員が協力するように規定されています。支援者（職員）に求められる役割は，親と子どもの最大の理解者であり，日常生活における身近な「話し相手」「遊び相手」であり，地域の人と人との関係を紡ぎだすことです。以下，支援者の役割についてより詳しく述べていきます。

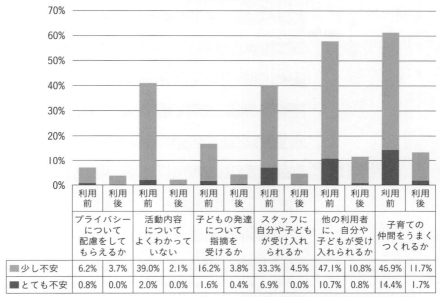

図28●利用者が不安を感じていること

(出典:渡辺顕一郎・橋本真紀他(2009)『地域子育て支援拠点事業における活動の指標「ガイドライン」作成に関する研究』(主任研究者:渡辺顕一郎),平成20年度児童関連サービス調査研究等事業報告書,財団法人こども未来財団.)

(1) 温かく迎え入れる

　地域子育て支援拠点に初めて訪れる際には,誰でも期待と同時に,自分が受け入れてもらえるかという不安や,初めての場・人に出会うことへの緊張感を経験します。支援者が日常的な挨拶と笑顔を絶やさずに迎え入れることは,緊張を緩和するだけでなく,不安を乗り越えて来所してきた利用者に対して敬意を示すことにもなります。

　地域子育て支援拠点の利用者に対する調査では,子育ての仲間ができるか,他の親子に受け入れられるかといったことの他に,支援者に自分や子どもが受け入れられるかを不安に思う利用者もいます(**図28**参照)。このような不安を抱きながらも来所してきたすべての利用者に対し,温かく敬意をもって迎え入れることが大切なのです。

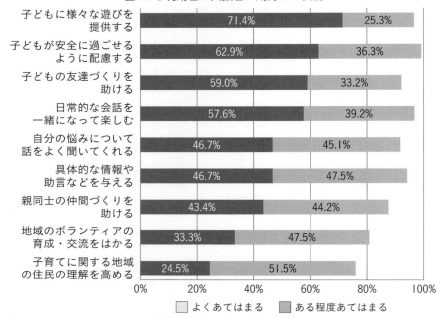

(出典：渡辺顕一郎・橋本真紀他（2009）『地域子育て支援拠点事業における活動の指標「ガイドライン」作成に関する研究』（主任研究者：渡辺顕一郎），平成20年度児童関連サービス調査研究等事業報告書，財団法人こども未来財団．）

(2) 身近な相談相手であること

　支援者は日頃から個々の利用者とかかわり，気兼ねなく相談に応じられる態度で接することが大切です。利用者は支援者の人柄にふれるにつれて，次第に親近感や信頼感を抱くようになります。利用者から個別に相談を求められたときにも，自分の意見を述べるより，まずは相手の話にじっくりと耳を傾けることが基本となります。

　地域子育て支援拠点の利用者に対する調査では，支援者に期待する役割として，まずは子どもの遊びや友だちづくりを助けるなどが上位に挙げられています。ただし，保護者と支援者との関係性に関しては，「日常的な会話を一緒になって楽しむ」「自分の悩みについて話をよく聞いてくれる」などの回答が相対的に多いのが特徴です（図29参照）。地域子育て支援拠点の利用者は，支援者に対して指導的な専門家であるよりも，むしろ日常的な「話し相手」「相談

相手」といった水平な関係性を期待しているといえるでしょう。

(3) 利用者同士をつなぐ

地域子育て支援拠点では，同じ立場にある親同士の支えあい，子ども同士の育みあいを促すことが大切です。先述のように，地域子育て支援拠点事業の基本となる4つの事業の1つに「子育て親子の交流の場の提供と交流の促進」が規定されています。つまり，単に居場所を提供するだけでなく，親子の交流を促し，利用者同士の関係を紡いでいくような働きが求められているのです。とりわけ，親同士の出会い，相互に関係が深まる中で支えあう働きを「ピアサポート」といい，地域の子育て支援における重要な働きとして捉えられるようになっています。ただし，利用者によっては集団に馴染めなかったり，日々利用者の顔ぶれが変わる中で既成の集団に入りにくい場合も生じます。したがって支援者には，利用者集団の動きをよく把握し，必要に応じて利用者同士を紹介したり結びつける役割が求められます。

(4) 利用者と地域をつなぐ

地域子育て支援拠点の働きとして，親子の成長を見守ることができる環境づくりに取り組むことは重要です。そのためには，世代を超えた地域の人たちがボランティアとして活躍できる機会をつくりだし，積極的に地域交流を図ることが求められます。また，必要に応じて他機関・施設との連携を図りながら支援を行うことも大切です。

地域で活動する様々な人たちの協力を得ることは，地域子育て支援拠点の活動を豊かなものにすることであり，子育て家庭の理解者や応援者を増やすことにもなります。拠点での出会いがきっかけで親も子も地域に顔見知りが増え，様々な世代との交流が生まれる場合もあるでしょう。

(5) 積極的に地域に出向く

地域子育て支援拠点について知らなかったり，利用に際してためらいや不安があるために，支援につながることが難しい人もいます。このような場合，支援者が他の親子が集まる場に出向き，自ら知り合うきっかけをつくることで利用を促すことが大切です。

児童虐待のリスクが高いなどの要支援家庭へのアプローチが，母子保健や子

育て支援において重要な課題となっています。たとえば，地域子育て支援拠点の支援者が，育児サークルや母子保健事業などに出向いたり，保健師による家庭訪問に同行するなどの取り組みも始まっています。このように，支援者側から積極的に利用者とつながろうとする取り組みは「アウトリーチ」と呼ばれ，予防的な家庭支援へのエントリー（入口）として注目されています。

5　多機能型の総合施設の取り組み

地域の子育て支援の対象は幅広く，多様なニーズに対応する支援に取り組むことが求められています。ひとり親家庭，経済困窮家庭，障害児養育家庭，外国籍の家庭などに対しても，地域の子育て支援事業が開かれており，利用しやすく，身近に感じられる支援の場になっているかが改めて問われます。

近年，地域子育て支援拠点に併設して，利用者支援事業，一時預かり事業，ファミリー・サポート・センター事業などを複数実施するような取り組みが各

図 30●併設の子育て支援サービスを利用した理由（複数回答，単位：%）

理由	%
拠点で実施されていることにより、安心感があったから	51.5
拠点の掲示物や職員の説明により、支援内容を以前から知っていた	40.0
拠点で実施されていることにより、利用手続きなどがしやすかった	31.5
拠点施設の職員に紹介されたから	27.7
自分の子育ての悩みや不安に沿った支援を受けられると思ったから	26.0
他のサービスを利用しなくてはならない必要性があったから	22.1
その他	2.6
他の子育て支援事業を利用しており、その後で拠点施設を紹介された	1.7

注：図中では地域子育て支援拠点事業を「拠点」と略す．調査対象は，拠点に併設された他の子育て支援事業も利用するサービス併用者 235 人．

（出典：渡辺顕一郎・金山美和子（2018）「多機能を有する地域子育て支援拠点の取組が利用者にもたらす効果及び包括的な子育て支援事業の展開に果たす役割等に関する調査」NPO 法人子育てひろば全国連絡協議会『地域子育て支援拠点の質的向上と発展に資する実践と多機能化に関する調査研究』厚生労働省平成 29 年度子ども・子育て支援推進調査研究事業）

所でみられるようになっています。このような多機能型の総合施設に関しては，地域子育て支援拠点の利用を通して併設の子育て支援サービスの認知度が高まることにより，他のサービスの利用が促進される効果が期待できます。たとえば，筆者らが厚生労働省の「平成29年度子ども・子育て支援推進調査研究事業」の一環として，横浜市を含む全国15ヵ所の多機能型の地域子育て支援拠点で実施した調査では，利用者が併設のサービスを利用した理由として「安心感があった」「支援内容を以前から知っていた」などが上位に挙げられています（**図30**参照）[5]。

　子育てをめぐって家庭だけで解決できない問題に直面したときには，親が地域の社会資源を最大限に活用できるように促し，問題解決の機会をつくりだすことが必要です。地域子育て支援拠点に，子育て家庭と社会資源の橋渡し役を担う利用者支援事業が併設されている場合には，利用者支援専門員による相談対応を経て，保健センターや他の関係機関の利用に結びつく可能性がさらに高くなるでしょう。

　子育て家庭のニーズがますます多様化する中，今後，地域子育て支援拠点は多機能型の総合施設としての強みを活かし，地域の子育て支援事業のネットワーク化に努めると共に，地域との連携をさらに強化し，身近な地域において子育て家庭を見守り続ける支援体制の一翼を担うことが重要であると考えています。

第4節　母子保健等の関係機関との連携

1　母子保健事業の役割

　地域における子育て支援の推進においては，基礎自治体である市町村の役割がますます重要になっていますが，併せて市町村の母子保健事業の役割にも比重が置かれるようになり，母子保健事業を担う保健センターと地域の子育て支援事業との連携を図っていくことが求められています。市町村の保健センターは，健康相談，保健指導，健康診査など，地域保健に関する事業を地域住民に行うための施設で，地域保健法に基づいて多くの市町村に設置されています。

　保健センターにおいては，保健師などの専門職を配置して，母子保健法に基づく様々な母子保健事業が行われています。母子保健法は，「母性並びに乳児

及び幼児の健康の保持及び増進を図るため，母子保健に関する原理を明らかにするとともに，母性並びに乳児及び幼児に対する保健指導，健康診査，医療その他の措置を講じ，もつて国民保健の向上に寄与することを目的とする」法律です。この母子保健法には，妊娠の届出や母子健康手帳の交付，保健師による保健指導，妊産婦への訪問指導などのほか，退院直後（出産後1年以内）の母子に対して心身のケアや育児のサポート等を行う産後ケア事業などが規定されています。なお，母子保健法の改正により，2021年度から産後ケア事業は市区町村に対して努力義務化されました。

　乳幼児健康診査も，市町村が実施する母子保健事業であり，乳児健康診査，1歳6か月児健康診査，3歳児健康診査などが行われています（以下，「健康診査」は「健診」と略す）。とくに1歳6か月児健診，3歳児健診は市町村に実施が義務付けられている法定健診です。母子保健法における健診の目的は「乳幼児の病気の予防と早期発見，及び健康の保持・健康の増進」であり，通常は保健センターなどで同月年齢の乳幼児を集め，集団で健診を行う「集団健診」が多く見られます。

　子育て家庭と社会との最初の接点である乳児健診は，本来，乳児の健康保持や疾病予防の観点から実施されていますが，不適切な養育や児童虐待の予防などの福祉的な観点からも問題の早期発見に努めることが求められています。また，1歳6か月児健診，3歳児健診と発達段階が進むにつれて，知的障害や発達障害などの早期発見・早期支援の働きも重要になってきます（これらの点については第4章及び第5章で詳しく述べていくことにします）。

2　母子保健等の関係機関との連携による取り組み

　近年，子育て家庭を妊娠期から切れ目なく支えるために，地域の子育て支援において，母子保健等の関係機関との連携による様々な取り組みが行われています。例えば，「乳児家庭全戸訪問事業ガイドライン」には，「本事業の実施において，地域における他の子育て支援事業等との密接な連携を図ることは，子育て家庭に対する多様な支援が可能となり，地域の子育て支援活動のネットワークの強化につながることから，こうした連携に取り組むことが望まれる」と明記されています。訪問者については，保健師，助産師，看護師の他，保育士，母子保健推進員，愛育班員，児童委員，母親クラブ，子育て経験者等から幅広く人材を発掘し，訪問者として登用して差し支えないと書かれています。

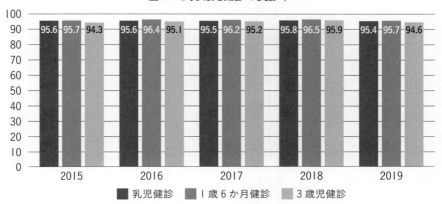

図31 乳幼児健診の受診率

注：乳児健診は3〜5ヶ月児の受診率
（資料：厚生労働省「令和元年度地域保健・健康増進事業報告の概況」に基づいて筆者が作図）

訪問をきっかけに保育所の園開放や地域子育て支援拠点などの利用につながるよう，保健師や助産師などの専門職と，保育士などの地域子育て支援拠点の職員が一緒に乳幼児家庭を訪問する自治体もあります。

また，乳幼児健診は受診率が高く，図31に示すように，2015年から2019年までの5年間における全国の受診率は90％台の半ばで推移しています。市町村からの通知によって，ほとんどの保護者が健診の日時等を意識し，仕事と重なっていれば休みを取って，子どもを連れて健診を受診させていることがわかります。また，健診の受診率が高いからこそ，健診を受診しない家庭に関しては何らかの問題を抱えている可能性が推測されるため，その後の個別のフォローを通して不適切な養育などのリスクの早期発見につながる場合があります。

また，乳幼児健診は，地域で子育て中の親子が一堂に集う絶好の機会でもあります。地域子育て支援拠点の職員が，健診の順番の待ち時間を利用して「出張ひろば」を開催したり，保護者同士の交流会を開催したりという試みも行われています。乳幼児健診をきっかけに地域子育て支援拠点への利用につながるように，拠点を健診会場に設定したり，プレパパ・プレママ講座や離乳食講座など母子保健関係の講座を拠点で開催したりする自治体もあります。

制度面においては，前章でも述べたように，2017年には改正母子保健法が

施行され，市町村に対して，新たに，妊娠期から子育て期までの切れ目ない支援を行う「子育て世代包括支援センター（法律上の名称は母子健康包括支援センター）」の設置が努力義務化されました。佐藤拓代は，子育て世代包括支援センターに関して，「誰にでも困難があるという認識のもと，ポピュレーションアプローチで親との信頼関係を構築し，母子保健に加え子育て支援のサービスを増やし，健診等の出会いの「点」ではなく，生活者の地平である「面」としての利用者目線での支援を行うことが，市町村の役割として求められる」と述べています[6]。このように，市町村においては，予防的な視点に立って母子保健と子育て支援事業が密接に連携し，あらゆる子育て家庭を網羅する面的な支援体制の整備が必要とされています。

　なお，既に述べてきた通り，2024年度から子育て世代包括支援センターは，市区町村子ども家庭総合支援拠点とともに「こども家庭センター」として再編されました。こうして新たに創設された「こども家庭センター」には，母子保健と児童福祉の両機能が一体的に相談支援を行う機関としての役割が求められるなど，地域における母子保健や子育て支援事業，児童福祉施設などによる連携体制の構築が重要な課題となっています。

〔注〕
1) 三浦愼悟（2010）「動物におけるアロマザリング」根ヶ山光一・柏木惠子編著『ヒトの子育ての進化と文化—アロマザリングの役割を考える—』有斐閣.
2) 柏木惠子（2011）『父親になる，父親をする—家族心理学の視点から—』岩波書店.
3) 矢野潔子（2019）「幼保連携型認定こども園における子育て支援の現状と課題」『静岡大学教育学部研究報告. 人文・社会・自然科学篇』70，247-263.
4) こども家庭庁（2024）「地域子育て支援拠点事業実施要綱」
5) 渡辺顕一郎・金山美和子（2018）「多機能を有する地域子育て支援拠点の取組が利用者にもたらす効果及び包括的な子育て支援事業の展開に果たす役割等に関する調査」NPO法人子育てひろば全国連絡協議会『地域子育て支援拠点の質的向上と発展に資する実践と多機能化に関する調査研究』厚生労働省 平成29年度子ども・子育て支援推進調査研究事業.
6) 佐藤拓代（2021）「子育て世代包括支援センター（母子健康包括支援センター）が目指すもの」『小児保健研究』80(6)，736-740.

第4章 障害児支援における 子ども家庭支援

　これまで障害児に対しては，医療・福祉・教育といった様々な分野におい
て，おもに機能回復や発達に重点を置いた支援が行われてきました。一方でそ
の家族には，子どもにとって身近な「理解者」「支援者」としての役割が期待
され，介護や養育にかかる責任を全うすることが求められてきました。

　しかし，家族がそのような役割や責任を一身に背負うことによって，過剰な
負担を抱えこんでしまったり，自分たちだけでは解決できない困難に直面する
場合も起こってきます。したがって，障害児への支援については，その養育を
担う家族に対する支援も一体的に考える必要があります。

　本章では，障害児の子育てを社会的に支援する観点から，障害児福祉分野を
中心とする子ども家庭支援のあり方について考察します。

第1節　障害児とその家庭への支援の必要性

1　障害児をめぐる状況と権利保障

　身体障害，知的障害，発達障害など，障害のある子どもたちやその家族への
支援を充実させることが課題となっています。18歳未満の障害児に対しては，
成人の障害者と同様に，障害者福祉制度に基づき障害者手帳が交付されます。
厚生労働省による「平成28年生活のしづらさなどに関する調査（全国在宅障
害児・者等実態調査）」の結果では，身体障害者手帳を所持している在宅の児
童が68,000人，療育手帳（知的障害児者に交付される手帳）を所持する在宅
の児童が214,000人とされており（いずれも推計値），18歳未満人口の約1.5%
の割合となっています[1]。

　また，発達障害の診断が確立されるにつれて，精神医学や心理学だけでな
く，教育，保育，福祉など様々な分野において，子どもの時期からの支援を充
実させていくことが課題となっています。おもな発達障害としては，自閉スペ

クトラム症，注意欠如・多動症，限局性学習症などが挙げられます。文部科学省が2022年に実施した調査では，公立の小学校・中学校の通常学級に在籍する「知的発達に遅れはないものの学習面または行動面で著しい困難を示す」とされた児童・生徒の割合は8.8%と報告されています[2]。この文部科学省による調査結果は，発達障害のある児童生徒数の割合を直接的に示すものではありませんが，その可能性がある子どもたちが少なからず含まれているものと推測されます。

さらに，近年では，早産，低出生体重児，出産後早期の脳炎・感染症等の生存率が向上し，肢体不自由児の重症化，障害の重複化がみられます。なかでも，医療的ケアが日常的に必要な子どもたちは「医療的ケア児」と呼ばれ，2万人以上が在宅で介護を受けながら生活しているものと推計されており，障害児本人や家族への支援を整備することが急務となっています。

第1章でも述べてきたように，医療・福祉・教育などの様々な分野において，子どもを権利の主体として捉え，その意義や重要性をふまえて支援を行うことが求められています。国連による子どもの権利条約は，「子どもの最善の利益の優先」「子どもの意見の尊重」などの原則を柱とし，子どもの基本的人権を国際的に保障するために定められた条約です。日本政府は1994年に条約の締約国になりましたが，その後も2016年に子どもの権利条約の原則を反映した児童福祉法の改正が行われ，2022年には子どもの権利保障などの基本方針を示す法律として「こども基本法」が制定されました。

当然ながら，障害児も一人の子どもとして，単に保護される対象ではなく，自らの権利を行使する主体として捉えられます。また，障害児の場合，子どもの権利条約だけでなく，国連が定める障害者権利条約における権利の主体としても位置付けられます。

2006年に国連で採択された「障害者権利条約」（障害者の権利に関する条約）は，障害のある人の基本的人権を促進・保護すること，固有の尊厳の尊重を促進することを目的とする国際的な原則です。日本政府は2014年に障害者権利条約を批准し，条約の締結国となりました。なお，障害者権利条約の対象には，障害のある成人だけでなく，18歳未満の障害児を含みます。

以下，障害者権利条約について，子どもたちのためにわかりやすく説明が書かれたUNICEF発行の冊子より，基本的な考え方を示す「一般原則」を引用します[3]。

(a) すべての人の固有の尊厳，自分自身で選ぶ自由，そして自立を尊重する。

(b) 非差別（すべての人を平等に扱うこと）

(c) 社会への完全参加とインクルージョン（コミュニティに仲間入りすること）

(d) 障害者を人間のさまざまな違いの一部と考え，違いを尊重し，受け入れる。

(e) 平等な機会

(f) アクセシビリティ（交通機関を利用したり，ある場所へ行ったり，情報を手に入れたりする手段があること。そして障害があることを理由に，これらの利用を拒否されないこと）

(g) 男女間の平等（女の子でも男の子でも同じ機会があること）

(h) 障害がある子どもの発達しつつある能力と，アイデンティティを守るための権利を尊重する。（皆さんが能力を尊重され，あるがままの自分に満足できるようにすること）

2　インクルージョンと合理的配慮

　前述の障害者権利条約の一般原則には，「社会への完全参加とインクルージョン」が掲げられています。「インクルージョン（inclusion）」とは，障害のある・なしにかかわらず，多様な個性が認められ，あらゆる人たちが社会に参画できる状態を指します。障害者が差別されたり，隔離されたりなど，社会から排除されるような好ましくない状態を指す「社会的排除（exclusion）」の対義語として，インクルージョンの概念が発展してきました。つまり，人々が多様な個性を認め合い，お互いを尊重しながら共生できる社会を理想とする考え方です。

　子どもの時期から，学校教育においてインクルージョンを目指していくことを「インクルーシブ教育」といいます。インクルーシブ教育の推進を世界的に働きかけた『サラマンカ宣言』に基づけば，インクルーシブ教育は，障害児を含むすべての子どもに対して，個々のニーズに合った教育的支援を，通常の学校において実施することを原則とします[4]。近年，就学前の乳幼児を対象とする保育所などでも，障害のある・なしにかかわらず多様な子どもたちの受け入れを促進するなど，いわゆる「インクルーシブ保育」の推進が課題となってい

インクルージョンを実現するためには「合理的配慮」が不可欠です。障害者権利条約の第2条において「合理的配慮」とは、「障害者が他の者との平等を基礎として全ての人権及び基本的自由を享有し、又は行使することを確保するための必要かつ適当な変更及び調整であって、特定の場合において必要とされるものであり、かつ、均衡を失した又は過度の負担を課さないものをいう」と定義されています[5]。本書では、従来から障害児の教育や療育などにおいて重視されてきた「訓練」「練習」と比較しながら、合理的配慮の意味について考えてみます。

図32に示したように、障害児支援には大きく言うと2つの方向性があります。1つめは、障害児が適応的に行動したり生活したりできるように、練習や訓練などを行う方法です。支援の方向性としては、障害児本人が変わることを目指していきます。これに対して合理的配慮は、障害児が生活の中で経験する困難を解消できるように、子どもを取り巻く環境に対して必要な変更を行っていく方法です。当然ながら、障害児を取り巻く環境には、物理的な環境だけでなく、人的・社会的環境を含みます。つまり、障害児が経験する「生きづらさ」に配慮して、建物や交通手段などの物理的な障壁を解消するだけでなく、子どもに接する大人が自らの教育方法や福祉的支援に工夫を加え、子どもに対する接し方、かかわり方を変更していくことも重視します。たとえば、自閉症児の感覚過敏等に配慮した環境の設定、ゆとりや見通しを持てる日課、視覚的・聴覚的情報手段の活用、個々の健康状態に合わせた活動、少人数で過ごせる環境など、様々な取り組みが挙げられます。

従来から障害児教育や療育などを中心に行われてきた「練習」や「訓練」

図32●発達支援の方法

は，これまでに様々な技法が開発され，特別支援学校や療育施設の現場を中心にその実践が展開されてきました。ただし，インクルージョンを目指すのであれば，それだけでは不十分です。障害のある人が適応的な行動を習得するなど，当事者が変化することは大切ですが，その周囲の人たちも障害のある人たちの困難を解消できるように自らの対応に工夫を加え，変化させていくことが必要です。合理的配慮とは，障害のある人だけでなく，その環境を含めた双方が必要な変更を行うことが，支援の方向性として重要であることを指し示す概念であると捉えることができます。

3 障害児支援における家族の位置づけ

かつて日本の福祉制度においては，家族は支援の対象として捉えられるよりも，むしろ家庭内における福祉の「担い手」として位置づけられてきました。障害児に対しても，子どもの時期には家族介護を前提とし，家庭生活に困難をきたすほど重大な問題が発生した場合に集中的な支援が行われてきました。

見方を変えるならば，障害児福祉制度は入所施設を中心として成立してきた経緯があり，家庭での養育・介護が著しく困難な場合の事後対応にとどまってきたといえます。現在では，乳幼児期の早期療育の必要性は広く認識されていますが，それらを行う障害児通園施設・事業が各地に整備されてきたのは1970年代以降です。居宅介護やデイサービスなどのおもな在宅サービスに関しては，2000年代の支援費制度や障害者自立支援法（現：障害者総合支援法）の施行を経て，ようやく量的な整備が進められてきたといっても過言ではありません。

厚生労働省は2008年に「障害児支援の見直しに関する検討会」を構成し，2012年度の制度改正の根拠となる方向性を打ち出しました。その報告書において，見直しの基本的な視点の一つとして「家族を含めたトータルな支援」が掲げられました[6]。その後，2014年に同省は「障害児支援の在り方に関する検討会」を開催し，家族への支援を重視する観点から，保護者の子育てと就業の両立支援，精神面でのケア，ペアレント・トレーニングの実施などの方針を打ち出しています[7]。

2021年9月に施行された「医療的ケア児及びその家族に対する支援に関する法律」では，家族に対する支援に関しても必要な施策などを定めており，医療的ケア児の健やかな成長を図ると共に，「その家族の離職の防止」に資する

ことも規定されています。このように障害児支援の制度・政策面においては，障害児の家族も「支援の対象」として捉えられるように変化してきました。

とはいえ，具体的な施策の展開に向けては検討すべき課題が残されており，今後の動向を注視する必要があります。たとえば，障害児の保護者が孤立したり，子育てや介護の負担を過剰に抱え込んでしまったりする状況では，児童虐待の発生リスクが高くなる場合があります。日本知的障害者福祉協会の調査によれば，2020年度中に障害児入所施設に新規入所した児童のうち約4割が虐待による入所であったことが報告されており，虐待の早期発見と未然防止に向けた具体的な取り組みの必要性が指摘されています[8]。このように障害児の虐待への対応が課題となる中，保護者に対する早期の相談支援体制などを整備し，障害児支援における「予防型支援」に努めることも重要な課題となっています。

4　家族のライフサイクルを見通した支援

障害児とその家族への支援は，乳幼児期，学童期，思春期など，子どもの発達時期によって区切られてしまい，継続性を維持することが難しい場合があります。将来を見すえて切れ目のない支援を行っていくためには，障害児の発達に沿って家族全体のライフサイクルを展望することが必要です。

図33は，障害児（中途障害を除く）を育てる家族のライフサイクル視点から，子どもの発達段階に沿って課題をまとめたものです。個人差があることを前提としつつも，通常，多くの障害児の家族が経験する一般的な生活課題を示しています。

人間の一生を通して発達が最も急速に進むのが子どもの時期の特徴であり，発達に遅れがある子どもの場合でも，成人期以降に比べ，身体的・精神的な成熟に伴う変化が顕著に現われてきます。それゆえに，子ども自身はもちろんですが，子育てを担う家族のニーズも恒常的に変化するのです。

障害児支援においては，子どもや家庭を取りまく社会関係に目を向けることも大切です。家族（とくに親）は，ライフサイクルの節目において，子どもの発達に応じた最適な医療・福祉・教育などの社会的サービスを選択する必要に迫られます。わが子にとって何が最もふさわしいかを選択することだけでなく，そもそも地域に社会資源が十分に備わっていないことも，親に不安や戸惑いを生じさせる要因になります。

図 33●家族ライフサイクルから見た生活課題

発達課題 （子どもの発達 に対応して）	家族の生活課題（とくに親を中心に）		
	親の心理面における 課題	家族内における 課題	社会関係における 課題
乳幼児期 （0歳～就学まで）	●障害の受容 　子どもの障害を受容 　する ●将来の不安への対応 　子どもの将来に関す 　る悲観的な予測や不 　安の克服	●子どものケアや育児 　方法の獲得 　子どもの特性に見合 　ったケアの方法や育 　児方法を獲得する ●次子の出産計画 　子どもの障害が遺伝 　的な要因による場合 　には，次子をつくる 　かどうかの決定	●医療・保健ケアの確 　保と維持 　障害の治療や機能回 　復等に効果的な医 　療・保健サービスの 　確保と維持 ●学校教育への準備 　最適な教育の場を求 　めて，教育機関の選 　択
就学期前期 （小学校～ 　　　中学校まで）	●他の子どもとの比較 　障害を持たない他の 　子どもとの比較によ 　って生じる悲観や焦 　りの克服	●家族内の役割の調整 　両親（夫婦）間，き 　ょうだい間の意見を 　調整して，誰かに過 　剰な負担が生じない 　ように家族内の役割 　を調整する	●教育上の問題への対 　応 　学校や教師の教育方 　針と親の方針が食い 　違う場合の調整 ●放課後等の生活課題 　放課後や長期休暇な 　どの余暇の充実，及 　び他児との交流の機 　会の確保
就学期後期 （思春期）	●障害の永続性の認知 　子どもが一生障害を 　もちながら生活する 　ことへの現実的理解 　と受容	●子どもの性への対応 　子どもの性に関する 　欲求への適切な対応 ●子ども自身のアイデ 　ンティティの問題 　子ども自身のアイデ 　ンティティをめぐる 　葛藤や要求への対応 ●子どものケアと親の 　能力の再調整 　子どもの身体的成長 　に伴い増大するケア 　の負担と，親の体力 　低下や健康上の問題 　による能力低下のバ 　ランスを図る	●教育終了後の進路の 　問題への対応 　子どもの進路（福祉 　的就労を含む）の選 　択 ●地域生活支援の調整 　成人後の地域生活を 　視野に入れ，居住， 　余暇活動を含む支援 　の検討と選択

（出典：渡辺顕一郎・田中尚樹（2013）『「気になる子ども」と「気にする先生」への支援─発達障害児
のためにコミュニティ・福祉・教育ができること─』金子書房.）

これまで述べてきた家族の生活課題を踏まえるならば，障害児の家庭支援に際しては以下のような基本的な態度が求められると考えます。

1) 各発達段階における「親の心理面における課題」をよく理解し，共感的態度や傾聴などによる心理的サポートを行うこと。またそのことが，保護者との信頼関係の形成につながる基本的態度であることを認識する。

2)「家族内における課題」の解決に向けて，夫婦・家庭内での意見調整を図れるように相談支援を行うこと。子どもとのかかわり方や育児方法に課題がある場合には，ペアレント・トレーニングなどの親支援プログラムの活用も検討すること。

3)「社会関係における課題」は，社会的サービスの活用が最も必要とされる領域である。医療・福祉・教育等のサービスの紹介を行うとともに，それらのコーディネート（連絡調整）を十分に行うこと[9]。

第2節　障害児福祉制度と子ども家庭支援

1　子どもと家族に対する児童発達支援

近年，障害の「早期発見・早期療育」が課題となっており，母子保健法に基づく乳幼児健康診査（1歳6か月児健診，3歳児健診など）でのスクリーニングの精度を高めるほか，5歳児健診などに取り組む自治体も増えています。障害の早期発見が進むにつれ，親が障害の受容をめぐって心理的な動揺を経験する時期も乳幼児期へと移行してきました。

幼い子どもに障害があると診断されれば，ほとんどの親は精神的に動揺します。実際，障害児の母親に話を伺うと，医師から診断を受けた際のショックについて「頭の中が真っ白になった」「どうやって家に帰ったかも覚えていない」と表現されることが少なくありません。また，親が子どもの障害受容をめぐって精神的な動揺を経験する時期には，障害児を対象としたサービスを利用すること自体に抵抗感が生じやすく，社会的な孤立を避けるためにも，親に対する早期の心理的支援を行うことが求められます。

親への心理的な支援においては，困難を乗り越えて親自身が成長する可能性に目を向けることが大切です。親に対して早急に障害受容を求めたり，必要以上に励ますよりも，親がありのままに自然な感情を表現できるような支援を行

うことが重要になります。多くの場合，子どもの障害を受容する以前に，まず
は親自身が他者に受容される経験を必要としています。支援者の態度として
は，焦らず，親の気持ちにじっくりと寄り添うことが基本です。

　就学前の障害児に対する通所支援としては「児童発達支援」があり，地域の
中核的な支援機能を担う児童発達支援センター，及び発達支援等を担う事業所
である児童発達支援事業に分類されます。これらの児童発達支援については，
標準的な支援のあり方を示す指針として，2017年に厚生労働省より「児童発
達支援ガイドライン」が発出されました。その中で，児童発達支援の提供すべ
き支援内容については，子どもに対する「発達支援」だけでなく，保護者など
に対する「家族支援」，及び地域の子育て環境や支援体制の構築を図るための
「地域支援」が必要とされています。

　地域の中核的な支援機能を担う児童発達支援センターは，児童福祉法に基づ
く児童福祉施設の一つであり，2022年で全国に794か所設置されていま
す[10]。従来から療育と呼ばれてきた発達支援だけでなく，保護者に対する相談
支援を行うとともに，保育所や幼稚園などに専門職が出向く保育所等訪問支援
にも取り組むこととされています。このように児童発達支援センターは，発達
支援・訪問支援・相談支援を実施するがゆえに，子どもに対しては総合的な支
援を保障し，家族にはワンストップ対応を行う地域の拠点としての働きが期待
されています。

　これに対して児童発達支援事業は，児童福祉施設としての基準に縛られない
「事業所」であり，事業の開設・開始が比較的容易であることが特徴です。社
会福祉法人やNPO法人だけでなく，最近では企業が経営する事業所も増加し
ており，2022年には事業所数が11,803か所に達しています[11]。児童発達支援
事業については，身近な療育の場であり，相談支援や保育所等訪問支援は必須
とされていませんが，任意に取り組む事業所もあります。

　なお，重度の障害があり，児童発達支援等の障害児通所支援を受けるために
外出することが著しく困難な障害児に対して，居宅を訪問して発達支援を行う
「居宅訪問型児童発達支援」が2018年度から開始されています。ただし，2022
年の時点で事業所数が全国255か所しかなく[12]，医療的ケア児など重度障害児
への対応が課題となる中，事業所の量的な整備・拡充を図っていくことが課題
となっています。

2　家族の介護負担を軽減する居宅サービス等

　保守的な性別役割分業が根強く残る日本の社会では，「ワンオペ育児」という言葉にも象徴されるように，育児の役割は女性に集中しがちです。乳幼児を育てる母親の多くは，家事や子どもの世話に追われ，わずかな休息すら得られないのが現状です。障害児の子育てには，こうした一般的な家事・育児の負担に加え，介護負担なども重なってきます。親に対して，子どもにじっくりと向き合ってほしいと期待するならば，そのためのゆとりを保障することが必要です。親が子どもに向き合い，子育てに取り組む精神的・時間的な余裕を持つことが，子どもの健やかな発達を促すためにも大切なのです。

　第1章でふれたように，アメリカやカナダにおいては，「ファミリーサポート」の多様な実践が体系化される中で，その1つとしてレスパイトケア（respite care）が発達してきました。障害児の親，被虐待児を養育する里親などに対して，介護者を派遣したり，子どもを一時的に預かるサービスです。障害児の親や里親などの養育者が日々の子育てから一時的に解放され，休息を得ることが，育児困難の抱え込みを防ぐという予防的視点に基づいています。

　日本では，レスパイトケアは福祉制度上には家庭支援として位置づけられていませんが，厚生労働省による「障害児支援の在り方に関する検討会」報告書においては，「保護者等の行うケアを一時的に代行する支援」の必要性が提起されています[13]。以下の，障害児に対する居宅サービス等は，それを利用している間に保護者が一時的に日常的な介護から解放され，結果的に自分の時間を持つことができる（休息・余暇・就労など）という意味で，レスパイトケアの役割を果たしている場合があります。

○居宅介護

　障害者等（以下，障害児を含む）に対して，居宅での入浴・排泄・食事などの介護を提供する。

○行動援護

　知的障害または精神障害により行動上著しい困難を有する（常時介護を要する）障害者等に対して，危険回避，外出時の移動介護を提供する。

○短期入所

　介護者の疾病その他の理由によって家族介護が困難な場合に，障害者等を障害者支援施設等に短期間入所させて入浴・排泄・食事などの介護を提供

する。

○放課後等デイサービス

　学齢期の障害児に対して，放課後や夏休み等の長期休暇中において，生活
　能力向上のための支援を提供する。

　既述のように，子どもの障害のある・なしにかかわらず，共働き家庭の増加
に伴って保育サービスの拡充が課題となっています。また，少子化の進行に
よって労働人口の減少が危惧される中，経済成長戦略としても女性の社会参画
が推し進められています。障害児の母親についても例外ではなく，親の就労を
含む社会的活動の機会を保障するためにも，障害児の保育・介護サービスのあ
り方を検討することが求められています。

3　相談支援事業所の役割

　障害児福祉制度は，障害者福祉，子ども家庭福祉のいずれからみてもマイ
ナーであり，そのため長らく十分な検討が進められてこなかったといえま
す[14]。しかしながら近年では，一般施策における発達障害児への対応や，医療
的ケア児への支援の拡充が課題となるなど，障害児福祉の対象は拡大・多様化
しています。その反面，障害児とその家族が利用できる社会的支援は今なお不
足しており，大都市圏では保育所だけでなく，障害児が通う児童発達支援セン
ターなどでも待機児童を抱えています。他方，都市部を離れれば，障害児に対
応する支援があまり整備されていない地域が今も残されています。障害児とそ
の家族が，身近な地域において必要な支援を受けられる体制の整備が重要な課
題となっているのです。

　また，障害児の親に対しては，居住する地域にどのような支援があり，子ど
もの障害の状況や家庭生活の実情に応じて，どのようなサービスを活用してい
けばよいかという正確な情報が必要です。行政機関などから保護者に対して丁
寧な説明がなされなければ，サービスの存在を知らないために利用できない状
況が起こり得ます。さらに，前節で述べてきたように，障害児とその家族への
支援は，サービス自体が子どもの発達時期によって区切られているものが多
く，ライフサイクルの節目において丁寧な引継ぎなどが行われなければ，支援
の継続性や一貫性を維持するのが難しくなる場合もあります。

　障害児の親が抱える将来に対する漠然とした不安は，活用できるサービスや
その情報が不足する中で，先の見通しが見えないことに起因する場合が少なく

ありません。通常は，乳幼児期には保育や療育等のサービスに関する情報が，また学童期になれば子どもの成長に伴って教育や介護サービス等の情報がより必要になってきます。さらに思春期以降は，子どもの社会的自立を控えて，就労支援や地域生活のためのサービスの情報も求められるようになります。これらに加えて医療的ケア児などの医療依存度が高い障害児の場合，子どもの健康状態や病状の変化によって，その都度適切な医療の情報が不可欠です。

したがって障害児の親に対しては，都道府県が設置する児童相談所などの行政機関だけでなく，市町村などの身近な地域を単位として，細やかな相談・情報提供等の支援を行う体制が必要です。その中心的な役割を担うのが，相談支援事業所です。障害のある人の生活全般にかかわる相談だけでなく，居宅サービス等の計画的な利用を促すための「計画相談支援」や，障害児通所サービスを計画的に利用するための「障害児相談支援」などに対応する相談機関です。また，地域の中核的な支援機能を担う児童発達支援センターにおいても，障害児相談支援などの保護者への相談支援を行っています。さらに医療的ケア児に関しては，医療・保健・福祉・教育等の様々なサービスの連携が必要とされることもあり，多様化するニーズを的確に把握し，関係機関との総合調整を行うために「医療的ケア児等コーディネーター」が配置されています。

第3節　障害児支援との保育の連携

1　幼児期からの社会経験の積み重ね

障害児に対しては，これまでにも保育所や地域の学校における受け入れが徐々に進められてきました。しかし今でも，障害があるために，障害のない子どもたちと一緒に保育や学校教育の場面に参加できない場合があるのも事実です。

障害児の発達を支えるために，児童発達支援センターや特別支援学校は必要ですが，一方で子どもたち同士がかかわりあい，育みあう機会を保障することも大切です。これは障害児に限らず，本来はあらゆる子どもに対して，教育や福祉などの専門職が担う大切な役割だと思います。

また，障害のない子どもたちにとっても，幼いころから様々な子ども同士の交流があり，障害のある同胞もいて社会が構成されていることを理解すること

が大切です。障害があっても，他の子どもと異なる特別な存在ではなく，他の子どもと同じ子どもであるという視点を欠くことはできません。むしろ，様々な子どもが互いのふれあいの中で育っていくことは，障害のある子どもにとってもない子どもにとっても有益なことと考えられます[15]。

障害児の権利保障の観点に立って，インクルーシブ教育（保育）を実現していくことが重要です。既述のように「インクルージョン」とは，人々が多様な個性を認め合い，お互いを尊重しながら共生できる社会を理想とする考え方であり，国連の障害者権利条約の基本原則にも位置づけられています。

保育所などの就学前施設における「インクルーシブ保育」の定義については，研究者によって若干の相違はあるものの概観は共通しており，「障害の有無にかかわらず，一人ひとりの教育的ニーズに応じた保育を行う」と捉えることができます。ただし，すべての子どもの教育的ニーズに対応した保育活動を構成することは容易ではなく，インクルーシブ保育の理念をどう具現化していくのかが保育実践における課題となっています[16]。

2　保育における「気になる子ども」への対応

幼児期に「気になる子ども」として報告される事例には，保育士や幼稚園教諭などの保育者が「発達障害ではないか」と疑う子どもが含まれています。こうした子どもに見られるのは，知的発達の遅れよりも，落ち着きがない，集団に適応できないなどの行動特徴である場合が少なくありません。

近年，発達障害の早期発見に力を入れる自治体が増えていますが，それでもなお発達の早期段階での障害の見極めは容易ではなく，保育所・幼稚園などでの集団生活においていわゆる「問題行動」が顕在化し，保育者が対応に苦慮する事例が報告されています。厚生労働省による『軽度発達障害児に対する気づきと支援のマニュアル』によれば，5歳児健診における発達障害の出現頻度は8.2〜9.3％と報告されています。また5歳児健診において障害の可能性を指摘された児童のうち，半数以上が3歳児健診では何ら発達上の問題を指摘されていなかったことも示唆されています[17]。

筆者が就学前施設（保育所・幼稚園・認定こども園など）を対象に実施した調査では，調査を行った自治体の就学前施設の総児童数に対し，発達障害の診断も健診等における指摘も受けていない「気になる子ども」が4.6％在籍していたことが明らかになりました。また，診断や指摘を受けた子どもの人数も加

算すると，発達障害児（気になる子どもを含む）の割合は11.4％となっています（図34を参照）[18]。

近年，発達障害児の出現率の高まりを示唆するような調査研究が相次いで報告されています。ただし，実態として発達障害児の数が増えているかどうかは今なお不明です。発達障害の診断が確立され，乳幼児健診などのスクリーニング体制が整備されてきたことや，保護者や支援者側の意識が変わってきた影響もあるからです。発達障害に対する社会的な関心が高まるにつれて，以前よりも早く受診につながったり，現場の支援者が意識して対応するようになった側面もあるでしょう。

たとえば，鷲見聡は，自閉スペクトラム症の増加について，障害の発見率の向上などの「見かけ上の要因」に対し，生活環境の変化などによって「真の増加がある」という捉え方もあり，さらに社会の側がどの程度まで許容するかという「社会の許容度の低下」などの様々な解釈が成り立つことを指摘しています。そのうえで，「近年の増加の主要因は何か，現時点では結論に至っていない」とも述べています[19]。

一方で，保育所・幼稚園などの就学前施設における発達障害児への対応が課題となるにつれて，その親などの保護者に対する支援も重視されるようになってきました。就学前施設の保育者が，いわゆる「気になる」段階から支援を開始しようと思えば，子どもに障害がある可能性を保護者に伝えて，保護者側の

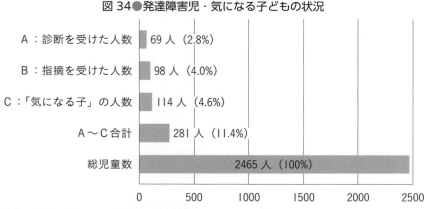

図34●発達障害児・気になる子どもの状況

（出典：渡辺顕一郎・田中尚樹（2014）「発達障害児に対する『気になる段階』からの支援―就学前施設における対応困難な実態と対応策の検討―」『日本福祉大学子ども発達学論集』6）

気づきを促すことが必要になります。しかし，そうした助言を伝えても，保護者が受け入れようとしないなどの拒否的な反応が起ってくる場合があります。また，保育者は精神医学の専門職ではありませんから，障害であるかどうかの正確な見極めが難しく，自分の判断に自信が持てない場合もあるでしょう。

　そもそも，わが子に障害があると告げられて，保護者が拒否的・防衛的な態度を示すのはむしろ自然な反応であり，決して「無理解な親」ではありません。多くの保育者はそのような親の心理を理解しているがゆえに，子どもに何らかの支援が必要だと感じていても，最初の一方を踏み出せずに躊躇します。だからこそ，障害の可能性を見極め，保護者の気づきを促すという難しい役割を保育者だけで抱え込まず，他の専門職と連携しながら慎重に行う必要があるのです。

　また，保育や療育の方法に関しても，保育所・幼稚園などの集団生活の場において「これを行えばよい」という唯一の正解があるわけではなく，様々な方法論の中から，個々の子どもの発達に応じた最適な技法を選択したり，組み合わせていく必要があります。そのような観点からも，児童発達支援センターなどの専門職と連携し，アドバイスなどを受けながら効果的な支援方法を検討する機会が必要とされています。この点については，コンサルテーションに関連する項目において後述します。

3　保育における合理的配慮

　いわゆる「健常者」の中にも，旅行で宿泊する際に，枕が変わると眠れないという人がいます。環境の変化に対して「過敏」なのです。ただし本人にとっては，気にならない人のほうが「鈍感」だと思うのかもしれません。

　自閉スペクトラム症などの発達障害児によく見られる症状の一つに「感覚過敏」があります。しかし，子どもの視点に立って見れば「鋭敏」なだけで，健常と呼ばれる人たちのほうが「鈍感」なのです。感覚が鋭いだけに，多くの人々が気にしないわずかな変化でも，子どもには耐え難いほど大きな変化であるように感じられます。たとえば，聴覚が過敏であれば，周囲の話し声，机やいすが動く音，空調や室外の音などが気になります。視覚過敏があれば，光の刺激が気になるために，目をしきりに擦ることもあります。触覚過敏があれば，大人が愛情表現で抱きしめても，本人には苦痛かもしれません。不快な刺激が増えるほど，子どもは精神的に落ち着かないために多動になったり，叫び

声をあげたり，パニック症状を示す場面も増えます。

　情報処理に難がある子どもであれば，感覚を通して得た情報を結びつけ，整理するのが苦手です。幼児であればなおさら，物事を筋道立てて考えたり，言葉や時間などの概念を理解することが難しくなります。このように，発達障害児が感じる世界は混沌としていて，予測不能な出来事に満ち溢れています。常に緊張を強いられるのです。

　こうした特徴は，一人ひとり異なります。支援者に求められる役割は，子どもが経験している「生きづらさ」を理解し，不快な刺激を軽減することです。診断が確定していなくても，目の前の子どもが何を不快に感じているかと想像することはできます。たとえば，集団の中で落ち着きがなくなれば，しばらくの間，静かな部屋に移してあげてもよいでしょう。保育所など長時間過ごす施設であれば，日課に見通しが持てるように，1日の流れを視覚化して伝えるなどの工夫もできます。

　第1節で述べたように，従来からの「訓練」「練習」に対して，支援者が子どもの「生きづらさ」に配慮し，環境面に変更を加えたり，支援者自身の接し方，かかわり方を変更していくことなどを「合理的配慮」といいます。保育所・幼稚園・認定こども園などは，訓練などを中心とする療育施設ではありませんから，まずは障害のある子どもたちが安心して，楽しく集団生活を送ることができるように「合理的配慮」に努めてください。安心感が高まり，情緒が安定してくれば，周囲の大人への信頼も高まってきます。身近な大人に対する信頼感を獲得し，落ち着いて過ごせるようになれば，周囲の環境に対する興味や関心の持ち方も変わってきます。これらは乳幼児期の発達における重要な課題です。

　このような安定的な生活が保障されていないのに，急いで治療的な支援を始めようとすれば，子どもは余計に混乱します。子どもの発達の基礎をふまえ，焦らず，じっくりとかかわりを持つことが大切です。

4　個別の事例に対応したコンサルテーション

　先述のように，インクルーシブ保育を推進していくことは重要ですが，すべての子どもの教育的ニーズに対応した保育活動を構成することは容易ではなく，その理念をどう具現化していくのかが保育実践における課題となっています。たとえば，いわゆる「気になる子ども」を保育する上での困難について

は，平野らが1,267名の保育士・幼稚園教諭から回答を得た調査では，回答が多かったものから順に，「丁寧にかかわってあげられない」「対応の仕方がわからない」「目が離せない，危険で気が抜けないなど物理的な意味で困っている」などとなっており，対応の仕方だけでなく，職員配置などの物理的制約が困難を生じさせる様子もうかがえます[20]。

保育所・幼稚園などの就学前施設において障害児に対する保育を効果的に行うためには，障害児支援の専門機関との連携が必要です。その具体的な方法の一つとして，児童発達支援センターなどの療育施設から就学前施設に専門職員を派遣し，保育士や幼稚園教諭などの保育者の相談に応じたり助言などを行う「コンサルテーション」が挙げられます。

筆者らが2013年に行った調査では，調査対象となった自治体の保育所・幼稚園・認定こども園（20か所）のうち，過去3年以内に発達障害児（健診等で経過観察となった子どもを含む）の利用があった施設は18施設でした。図

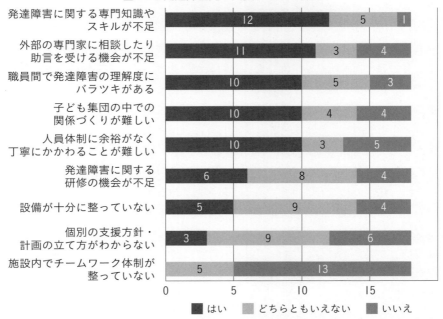

図35●発達障害児の支援における課題

（出典：渡辺顕一郎・田中尚樹（2014）「発達障害児に対する『気になる段階』からの支援―就学前施設における対応困難な実態と対応策の検討―」『日本福祉大学子ども発達学論集』6)

35 に示すように，それらの施設から支援の課題として挙げられたのは，「発達障害に関する専門知識やスキルが不足している」が最も多く，「外部の専門家に相談したり助言を受ける機会が不足している」が続く結果となりました[21]。また，「発達障害に関する研修の機会が不足」よりも，「保育者が専門家に相談したり助言を求める機会が不足」を課題として挙げる施設のほうが多く，研修よりもコンサルテーションの必要性がより顕著に示されています。

　インクルーシブ保育の概念化より前から，日本では 1970 年代には障害児保育の取り組みが始まって「統合保育」が注目され，長年に渡って研究や実践が進められてきた経緯があります。その時代から，自治体においては保育者に対する障害理解や障害児保育に関する研修が始まり，障害児保育事業の制度化も相まって研修が徐々に普及していきました。近年では発達障害の診断の確立などもふまえつつ，保育者に対する研修は多くの自治体や保育団体等によって実施されています。こうした研修の機会はもちろん大事ですが，その次のステップとして保育者が必要としているのは，自分が担当している子どもへの支援について助言を得ることができるような，個別の事例に対応したコンサルテーションの機会であるといえるでしょう。

　2012 年度の児童福祉法改正により「保育所等訪問支援」が創設され，障害児支援の専門職による保育所や幼稚園などへの訪問型支援が強化されました。子どもが通う保育所や幼稚園などに専門職が出向き，発達支援を行う訪問型支援です。基本は 2 週間に 1 回程度，児童発達支援センターなどから専門職が派遣されます。障害児本人への発達支援だけでなく，訪問先施設の職員に対する助言・指導等のコンサルテーションも行うことができます。

　ただし「保育所等訪問支援」は保護者の申請によって利用が開始されるため，保護者の気づきや理解が十分に得られていない場合には活用することが困難です。任意の都道府県事業である「障害児等療育支援事業」や，市町村事業である「巡回支援専門員整備事業」との兼ね合いも考慮しつつ，地域におけるコンサルテーション体制を構築することが重要です。このうち，後者の巡回支援専門員整備事業については，「発達障害等に関する知識を有する専門員が，保育所等の子どもやその親が集まる施設・場への巡回支援を実施し，施設等の支援を担当する職員や親に対し，障害の早期発見・早期対応のための助言等の支援を行う」こととされています。つまり，保育所や幼稚園などの施設側からの依頼により巡回支援を行い，保護者だけでなく，保育者に対する助言などを

行うことができるのが特徴です。また，地域における発達障害児（診断のある子ども）への支援だけでなく，保育所・幼稚園・認定こども園などの施設で「気になる」子どもたちについても相談することができたり，保護者支援にもつなげたりすることができるという利点もあります[22]。

5 保育実践におけるペアレント・トレーニングの可能性

　子どもの保育を効果的に行うためには，保護者との協力が欠かせません。保護者の意向を尊重しながら，支援方針・支援計画を共有し，同じ目線で子どもにかかわることが重要です。しかしながら実際は，障害児の支援をめぐって，保育者と保護者の間で意見が食い違ったり，助言を受け入れてもらえない場合もあります。

　とりわけ発達障害児の場合，養育の大半を任せられている母親は，診断が確定しない段階から育てにくさを感じ，育て方が悪いのかと自分を責める傾向もあります。周囲に相談できる人が存在せず，保育者などの専門職に相談してもわかってもらえない場合には，心身ともに疲弊した上に孤立することも起こってきます。

　ペアレント・トレーニングは，子育て中の親を対象とする少人数のグループワークです。発達障害児の親に対するプログラムも開発されており，子どもの障害を理解し，子育ての方法について学習する機会を提供しています。とくに応用行動分析（ABA）に基づくペアレント・トレーニングは，子どもの行動を分析し，環境調整や子どもへの肯定的な働きかけを習得することで子どもの発達を促進していくことを目指しています。辻井らの研究では，ペアレント・トレーニングの前段階に，「行動で考える／行動で観る」ことに特化し，親の認知的な枠組みの変容を目指した簡易なプログラムとして「ペアレント・プログラム」も開発されています[23]。

　また，ペアレント・トレーニング（以下，ペアレント・プログラムを含む）に関しては，親に対する実践だけでなく，保育者や教師などが発達障害児の様子を行動で捉えたり，適切な働きかけを学ぶため，研修プログラムとして実施されるようにもなっています。たとえば，田中らが就学前施設の保育者を対象に行った研修プログラムでは，研修後のほうが子どもや保護者に対する支援の困難感が軽減される傾向が示されており，保育者が専門的な知識や技術などを習得することで，より具体的な支援方法を学ぶ機会となったことが報告されて

います[24]。

なお，2016年の発達障害者支援法の一部改正により，都道府県及び市町村は，発達障害児者の家族が互いに支え合うための活動等を行うことを目的とする「発達障害児者及び家族等支援事業」の実施に努めることとなりました。この事業の一環として，保護者に対するペアレント・トレーニングの導入にも取り組むことなどが求められています。ペアレント・トレーニングは，プログラムを通して保護者が学ぶ障害理解や子育ての知識を，保育者とも共有できるなら，支援方針・支援計画の共有化にも役立つと考えられます。そのような観点から，児童発達支援センターや保健センターなどが中心となり，地域の支援システムにペアレント・トレーニングを組み込み，就学前段階から保護者が支援を活用できる機会を拡充することが期待されます。

第4節 「気になる」段階からの早期支援

1 親の「気づき」の段階からの支援

発達の基礎が培われる乳幼児期に，子どもの育ちをめぐって不安を抱え孤立しがちな親に対して，身近な地域における子育て支援の体制を充実させることが重要です。とりわけ，子育ての負担を抱え込みがちな障害児の親に対して，その"第一歩"を踏み出す時期に早期の支援を開始することは，予後をも左右する予防的な効果が期待されます。

障害児支援をめぐっては，基礎自治体である市区町村を核として，母子保健や子育て支援事業等との連携を図りつつ早期の支援に取り組む必要性が高まっています。とりわけ発達障害に関しては，既述のように乳幼児健診でのスクリーニング体制の整備を進めるなど，早期発見・早期支援に力を入れる自治体が増えています。たとえば自閉スペクトラム症の場合，1歳6か月児健診で活用できるチェックリストなどが開発されており，専門の医療機関の受診を経て幼児期に診断が確定する子どもが増えています。

発達障害児の子育てにおいては，他児ではあまり見られない困難が生じてきます。視線が合わない，抱っこを嫌がる，意思疎通が難しい，睡眠障害，多動など，親にとって「育てにくさ」を経験するような状況が起こりやすいのです。こうした育児の難しさが，発達の初期段階にはすでに始まっている場合が

第4章　障害児支援における子ども家庭支援　105

少なくありません。ところが，「子どもの発達に何か問題があるのでは」という保護者の「気づき」の段階から，速やかに対応できる支援体制が十分に整備されていないという課題があります。また，乳幼児健診において再検査や要観察などと判定されても，保護者の気持ちの整理がつかなかったりするため，医療・療育等の専門機関につながるまでには時間を要します。さらに，たとえ保護者が子どもの受診を希望しても，地域によって専門医療機関・専門医が不足しているため，初診の予約までの待機期間が数か月～1年以上と長期化しているところが少なくないとの指摘もあります[25]。

　乳幼児健診が障害の早期発見の役割を担うことは大切ですが，健診をきっかけに障害の診断を前提としない「親子教室」のような市町村施策につなぎ，ていねいな支援を行うことが重要です[26]。健診において経過観察などの判定を受けた子どもとその母親などに対して，母子保健事業の取り組みとして，親子で通うことができる「親子教室」などのフォローアップを実施している市町村が多くあります。一般的に，保健師などのかかわりの下，「親子教室」や「遊びの教室」などの名称で，毎週または隔週1回程度の頻度で開催されている場合が多いと思います。このように「障害」という対象の括りではなく，親として発達に気になる点や心配がある場合に，親子で無理なく参加できるグループやサークル活動を，地域に定着させることが重要です。また，そのような場に子育て支援や療育の専門職がかかわりを持つことで，次の支援に結びつく機会を拡大することも期待できます。

　その一方で，近年の共働き家庭の増加により，「親子教室」などのフォローが平日のみに実施されている場合には利用しにくく，健診で何らかの指摘を受けても，親子教室を経ることなく保育所などに通園する子どもたちが増えています。そのような観点からも，母子保健の取り組みだけでなく，前節で述べてきた保育所における対応や，障害児支援と保育の連携が求められるようになっているのです。

2　地域子育て支援拠点における早期支援

　保護者の「気づき」があっても医療・療育等につながりにくい親子に対しては，母子保健事業によるフォローだけでなく，子育て支援センターなどの地域子育て支援拠点が早期支援に取り組む必要性があると考えます。地域子育て支援拠点は，親子の交流や育児相談，情報提供等を行う事業であり，障害児支援

に関しても保護者の「気づき」の段階から相談支援を行ったり，親子の交流等を実施できるという利点があります。以下，診断が確定した障害児だけでなく，乳幼児健診等において「要観察」と判定されたり，生活場面において発達に気になる点が認められるなど，いわゆる「気になる子ども」を含んで「障害児等」と呼ぶことにします。また，「気になる」段階からの早期支援と，診断確定後の障害児に対する支援の両方を指す場合に「障害児等支援」という用語を使用します。

筆者らは2021年に，全国の市区町村を対象に，地域子育て支援拠点における障害児等支援の実施状況について調査を行いました。調査に対して回答を得

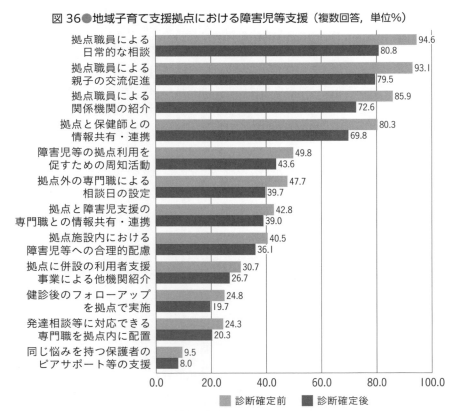

図36●地域子育て支援拠点における障害児等支援（複数回答，単位%）

（出典：渡辺顕一郎・近棟健二・奥山千鶴斗・金山美和子・工藤英美・亀山麻衣子・中條美奈子（2022）『地域子育て支援拠点事業における障害児等支援に関する調査研究』，厚生労働省　令和3年度子ども・子育て支援推進調査研究事業報告書）

た1,007か所の自治体のうち，地域子育て支援拠点において障害児等支援を行っていると回答したのは610か所であり，それらの取り組み状況は**図36**に示す通りでした[27]。

この調査では，地域子育て支援拠点の具体的な取組に関して，「診断が確定する前段階から利用できる支援」「診断確定後の障害児が利用できる支援」に分けて尋ねました。**図36**に示すように，すべての項目に関して，診断が確定する前段階から利用できる支援のほうが，診断確定後の障害児が利用できる支援よりも割合が高く，診断確定前からの早期支援により重点を置く傾向があることがわかりました。

取り組みの割合が高かった項目から順に見た場合，診断確定前・後で比較して順位にほとんど差はなく，職員による日常的な相談，親子の交流促進，関係機関の紹介など，障害児等支援に関してもまずは地域子育て支援拠点の基本事業に沿った支援が多く行われています。また，他の専門職との情報共有や連携については，診断確定前・後ともに保健師が上位に挙がっており，母子保健との連携を図る場合が多いことが示されています。

なお，この調査研究では，先行する取り組みを行う参考事例を10か所抽出して，ヒアリング調査も実施しました。その結果，地域子育て支援拠点が，①身近な相談の場として親子を早期にフォローする，②親子の交流を通して保護者の気づきやピアサポートを促す，③母子保健と連携しながら共に健診後のフォローアップを担う，④専門職の配置や連携によって専門的支援の「入口」となる，という4つの機能を担うことが重要であると考察しました。以下，これらの4点について，もう少し詳しく説明していきます。

(1) 身近な相談の場として親子を早期にフォローする

地域子育て支援拠点は，親子の交流の場としての役割を果たしつつ，日常的なかかわりを通して子育ての不安感や負担感を軽減できるように支援を行うことが重要です。先行事例では，地域子育て支援拠点が身近な相談の場として，子どもの発達に心配があったり，「育てにくさ」を経験していたりする保護者の気持ちに寄り添い，不安や困難を抱え込まないように支援を行っていました。乳幼児とその保護者であれば誰でも利用できる「敷居の低い」子育て支援施設ならではの強みを活かして，親子を早期からフォローする役割を担っていくことが，障害児等支援に関して期待される役割であるといえるでしょう。

⑵　親子の交流を通して保護者の気づきやピアサポートを促す

　少子化社会に生まれ育ち子育てをする保護者や，地縁血縁のない土地で子育てをする保護者にとって，地域子育て支援拠点は他の親の子育ての様子を見て学ぶことができる場になっています。保護者が，他の親子の様子を見てわが子の発達に気づきを得たり，支援の必要性に気づく場合などもあります。先行事例では，子どもの発達に何らかの気づきを得た親に対して，個別に相談を行うだけでなく，同じ問題や困難を経験している親同士の座談会やグループワークなどのピアサポートを行っている事例も複数見られました。このように，親子の交流を通して保護者の気づきを促したり，親同士が互いに支え合う関係が生みだされることが，障害児等支援において地域子育て支援拠点が担う大切な役割であると考えられます。

⑶　母子保健と連携しながら共に健診後のフォローアップを担う

　参考事例では，母子保健事業である健診後の「親子教室」などのフォローアップを，保健センターではなく，地域子育て支援拠点で実施する事例がありました。親子の日常的な遊びの場である地域子育て支援拠点で親子教室が開催されることは，親子にとって参加しやすく，また親子教室の講座の開催日以外の日や，講座終了後にも継続的な地域子育て支援拠点の利用につながる効果があります。このような場合，個別の事例に関する情報を母子保健と地域子育て支援拠点が共有し，必要に応じて連絡を取り合うなどの密接な連携を図ることによって，地域子育て支援拠点においてフォローを要する親子の様子を見守っていくことができます。

⑷　専門職の配置や連携によって専門的支援の「入口」となる

　先行事例では，地域子育て支援拠点に外部の専門職を招いて，子どもの発達などに関する相談日を設けるところが多く見られました。また，地域子育て支援拠点内に心理職，福祉職，保健師など複数の専門職を配置して，日ごろから相談に対応できる体制を築いているとの報告もありました。このような専門職の配置や連携によって，身近な地域子育て支援拠点においてより専門的支援に取り組んでいくことが，親子が専門相談を利用する「入口」となり，発達支援などの次のステップの支援につながりやすくなるなどの効果が期待できます。

3　地域の連携を高める

　児童発達支援センターなどの利用にはまだ踏み切れない親にとって，地域子育て支援拠点は利用しやすい面はありますが，その半面で，いわゆる健常児とその保護者の利用が多くを占めるだけに，自分たち親子が受け入れられるのかという不安を抱く場合があります。身近な子育て支援事業の利用を促すためにも，乳幼児健診ではスクリーニング機能だけでなく，保護者に次の支援に結びつく道筋や選択肢を紹介するなど，ていねいな説明や情報提供が求められます。乳幼児健診の場に障害児支援や子育て支援の専門職がかかわり，その場でサービスの説明や相談に応じるなど，なるべく自然な形で利用者との関係形成に努めるのもよいでしょう。

　診断が未確定であることによる戸惑いや不安，あるいは診断が確定的でも子どもの障害を受容するという家族の側の課題を考えると，保護者に無理強いすることなく，できるだけスムーズに乳幼児健診から必要な支援に結びつく体制が必要です。療育などの発達支援，そして子育て支援へと，いつでも，どこでも，いつからでも利用できる仕組みを築くことが課題となっているのです[28]。

　また，地域子育て支援拠点などの支援者側の課題として，障害に関する知識の不足，親に対する配慮やかかわり方の難しさ，子ども同士のふれあい促進の難しさなどがあります。したがって，前節で述べてきた就学前施設の保育者だけでなく，子育て支援に携わる職員への研修を充実させたり，児童発達支援センター等によるコンサルテーションの体制を整備することが重要です。障害児支援，母子保健，教育・保育，子育て支援などが密接に連携し，支援者同士がそれぞれの専門性を生かしつつ，お互いにバックアップしあう体制づくりが必要なのです。

〔注〕
1) 厚生労働省（2016）「平成 28 年生活のしづらさなどに関する調査（全国在宅障害児・者等実態調査）」
2) 文部科学省（2022）「通常の学級に在籍する特別な教育的支援を必要とする児童生徒に関する調査結果について」
3) ユニセフ，玉村公二彦（監訳），（財）日本障害者リハビリテーション協会（翻訳・編集）（2008）『わたしたちのできること―It's About Ability―障害者権利条約の話』
4) UNESCO（1994），The Salamanca statement and framework for action on special needs education.

ユネスコの呼びかけによって 1994 年にスペインのサマランカで開催された『特別なニーズ教育に関する世界会議：アクセスと質』において採択された宣言。日本を含む 92 の国及び 25 の国際組織が参加した。

5) 障害者権利条約の第 2 条に規定する「合理的配慮」の日本語訳については，外務省のホームページに掲載されている「障害者の権利に関する条約」から引用した（https://www.mofa.go.jp/mofaj/fp/hr_ha/page22_000899.html）.

6) 厚生労働省（2008）『障害児支援の見直しに関する検討会報告書』

7) 厚生労働省（2014）『今後の障害児支援の在り方について（報告書）―『発達支援』が必要な子どもの支援はどうあるべきか―』

8) 日本知的障害者福祉協会（2022）『令和 3 年度全国知的障害児入所施設実態調査報告』公益財団法人日本知的障害者福祉協会 児童発達支援部会. なお，本調査は全国の障害児入所施設のうち，172 か所から回答を得た調査である.

9) 渡辺顕一郎・田中尚樹（2013）『「気になる子ども」と「気にする先生」への支援―発達障害児のためにコミュニティ・福祉・教育ができること―』金子書房.

10) 厚生労働省（2023）「令和 4 年社会福祉施設等調査」の総括表に基づく児童発達支援センターの施設数（福祉型及び医療型の合計）である。なお，児童福祉法の改正により平成 6 年度からは福祉型と医療型の類型は一元化されている。

11) 厚生労働省（2023）「令和 4 年社会福祉施設等調査」における「障害福祉サービス等事業所・障害児通所支援等事業所の状況」に基づく事業所数。

12) 同上

13) 同 7)

14) 柏女霊峰（2011）『子ども家庭福祉・保育の幕開け―緊急提言　平成期の改革はどうあるべきか―』誠信書房.

15) 同 6)

16) 工藤英美・金仙玉（2018）「保育者のインクルーシブ保育に対する認識―保育者の意識調査の傾向より―」『生涯発達研究』10，愛知県立大学.

17) 厚生労働省（2007）『軽度発達障害児に対する気づきと支援のマニュアル』（主任研究者：小枝達也）.

18) 渡辺顕一郎・田中尚樹（2014）「発達障害児に対する『気になる段階』からの支援―就学前施設における対応困難な実態と対応策の検討―」『日本福祉大学子ども発達学論集』6，31-40.

19) 鷲見聡（2022）「疫学研究からみた発達障害」鷲見聡編『発達障害のサイエンス―支援者が知っておきたい医学・生物学的基礎知識―』日本評論社.

20) 平野華織・水野友有・別府悦子・西垣吉之（2012）「幼稚園・保育所における『気になる』子どもとその保護者への対応の実態―クラス担任を対象とした調査をもとに（第 2 報）―」『中部学院大学・中部学院短期大学部研究紀要』13，145-152.

21) 同 18)

22) 特定非営利活動法人アスペ・エルデの会（2018）「巡回相談支援活用マニュアル」

23) 辻井正次（2014）『楽しい子育てのためのペアレント・プログラム　マニュアル』（厚生

労働省平成 25 年度障害者総合福祉推進事業「家族支援体制整備事業の検証と家族支援の今後の方向性について」）特定非営利活動法人アスペ・エルデの会.

24) 田中尚樹・渡辺顕一郎（2017）「発達障害児とその保護者への支援に関する保育者研修のあり方についての検討―A 市の就学前施設の保育者に対する研修事業を通して―」『日本福祉大学子ども発達学論集』9，47-56　.

25) 新美妙美・本田秀夫（2020）「モデル地域における取り組みに関するヒアリング調査」『厚生労働省障害者総合福祉推進事業　発達障害児者の初診待機等の医療的な課題と対応に関する調査　令和元年度研究報告書』（研究代表者：本田秀夫），信州大学医学部子どものこころの発達医学教室.

26) 近藤直子（2015）『"ステキ"をみつける保育・療育・子育て』全国障害者問題研究会出版部.

27) 渡辺顕一郎・近棟健二・奥山千鶴子・金山美和子・工藤英美・亀山麻衣子・中條美奈子（2022）『地域子育て支援拠点事業における障害児等支援に関する調査研究』厚生労働省令和 3 年度子ども・子育て支援推進調査研究事業報告書.

28) 近藤直子（2007）「発達支援の視点に立った障害乳幼児療育体系の検討」『障害者問題研究』35(3)，170-178.

第5章 児童虐待への対応と子ども家庭支援

　児童福祉法における要保護児童とは，「保護者のない児童，または保護者に監護させることが不適当であると認められる児童」を指します。また，要保護児童を公的責任で社会的に養育し，保護するとともに，養育に困難を抱える家庭への支援を行うことを社会的養護といいます。

　近年，社会的養護においては，児童虐待への対応の強化が課題となっています。伝統的な施設養護だけでなく，施設の小規模化や里親の活用，さらには虐待の発生予防として子育て支援の充実も図られています。本章では，児童虐待の防止や家庭養護の推進などに関する政策動向を視野に入れつつ，里親等を含む子育て家庭に対する包括的な支援のあり方について考察します。

第1節　児童虐待の現状とその防止

1　児童虐待は増加しているのか

　児童虐待は，子どもの身体的・精神的な成長や発達に深刻な影響を与えるため，その発生予防から早期発見・対応，子どもの保護や自立（または家庭復帰）に至るまでの一貫した支援のあり方や，それぞれの段階に応じた対策の強化が求められています。なお，国連による子どもの権利条約の第19条では，子どもたちが，保護者による身体的・精神的暴力や傷害，養育の怠慢，性的虐待を含む搾取などから保護されることを規定しています。

　日本の児童虐待の状況を示す資料として広く用いられているのは，児童相談所における虐待相談対応件数に関する統計です。2022（令和4年）度中に，都道府県や政令指定都市などが設置する全国232か所の児童相談所が対応した虐待の相談は，219,170件に達しています。厚生労働省は1990（平成2）年から統計を取り始め，年度ごとの件数が発表されていますが，**図37**のとおり相談対応件数は増加の一途をたどっています。また，養育の怠慢（ネグレクト）や

第5章 児童虐待への対応と子ども家庭支援　113

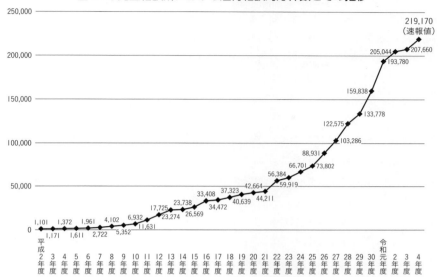

図37●児童相談所における虐待相談対応件数とその推移

（注）平成22年度の件数は、東日本大震災の影響により、福島県を除いて集計した数値。
（出典：こども家庭庁「令和4年度児童相談所における児童虐待相談対応件数（速報値）」）

　暴行による死亡事件など，重篤な虐待事例が報道されるたびに，児童虐待は実際に増加しているようにも感じられます。
　しかしながら，子どもを虐待する親が増加して虐待そのものが増えているのか，児童虐待に関する社会の意識が高まったから通告件数が増えたのか，正確に把握することはできません。これまでは見過ごされたり潜在化していた虐待事例が，早期発見や通告によって顕在化するようになり，統計上は増加傾向を示しているとみることもできます。
　たとえば山野則子は，2000年に「児童虐待の防止等に関する法律」が制定される以前は，統一した基準によって件数を挙げていたわけではなかったとし，相談対応件数の増加には，カウントがしっかりしてきたことや，発見が行き届いてきたことなどの取り組みの成果が影響を与えている可能性を示唆しています[1]。また，近年では，子どもが直接的に暴力を受けていなくても，夫婦（父母）間の暴力行為を見聞きするなどの「面前DV」は，子どもにトラウマ（心的外傷）やその後のPTSDなどの深刻な影響をもたらす可能性があるた

め，心理的虐待として警察から児童相談所への通告が増加しています。さらに，2015 年から，虐待を受けたと思われる子どもを見つけたときや子育てに悩んだときなどに，ためらわずに児童相談所に通告・相談できるよう児童相談所全国共通ダイヤル「189」の運用が開始され，近隣の住民などの一般市民からの通告も増加しています。

　今もなお開発途上国においては，疾病や栄養不足などによる乳幼児の死亡率が高く，ストリートチルドレンなどが国際的な問題として取り上げられますが，少なくとも先進諸国では，子どもに対する不適切な養育に対する認識が広まり，児童虐待防止への意識が高まっています。虐待に関する相談対応件数が増加しているのは，このような社会の変化も大きな影響を与えていると考えられます。

　他方，社会全体が児童虐待に対して注意を払うことは好ましいことですが，子育て家庭に対する監視や非難のまなざしが一方的に強まることは避けなければなりません。たとえば子育て中の親から，「子どもが一度泣き出すとなかなか泣き止まず困っているのに，毎日のように子どもを泣かせていると近所の人から通報された」といった相談が寄せられることもあります。また，児童虐待に関する報道などにおいても，その論調は家庭の養育能力を疑問視したり非難したりするような一辺倒なものが散見されます。

　懸命に子育てしている家庭はたくさんあるのに，社会の目がますます厳しくなり，かえって子育ての閉塞感を高めるような結果を招かないようにも注意を払うべきだと考えます。児童虐待を防止するためには，その背景にある要因を分析・検証し，科学的な見地から対策を検討することが大切です。子育て家庭の孤立化が進む現代社会においては，家庭の養育責任だけを問うのではなく，親の子育てを社会的に支えていくことが虐待防止の第一歩であるといえるでしょう。

2　児童虐待防止法による対策

　これまで述べてきたように，子どもの権利条約における国際的な約束事として虐待からの保護に関する規定が明確化され，日本でも社会的な関心や意識が徐々に高まる中，公的な責任における虐待防止対策が求められるようになってきました。こうして 2000 年に，「児童虐待の防止等に関する法律」が成立し，施行されました。児童虐待の防止等に関する法律（以下，児童虐待防止法）に

よる児童虐待とは，保護者による 18 歳未満の児童に対する身体的虐待，性的虐待，ネグレクト，心理的虐待を指します。以下，これらの 4 つの行為について，法の条文に基づいて端的に述べておきます。

①身体的虐待……児童の身体に外傷が生じ，または生じるおそれのある暴行を加えること

②性的虐待………児童にわいせつな行為をすること，または児童にわいせつな行為をさせること

③ネグレクト……児童の心身の発達を妨げるような著しい減食，または長時間の放置などの養育の怠慢や放棄

④心理的虐待……児童に対する暴言や拒絶的な対応など，児童に著しい心理的外傷を与える言動や，児童が同居する家庭における配偶者に対する暴力（面前 DV）

児童虐待防止法では，学校の教職員，児童福祉施設の職員，医師，保健師，弁護士その他児童の福祉に職務上関係のある者は，児童虐待を発見しやすい立場にあることを自覚し，児童虐待の早期発見に努めなければならないとされています。また，児童虐待を受けたと思われる児童を発見した場合には，速やかに児童相談所または福祉事務所に通告する義務を負っています。この通告義務に関しては，児童福祉法第 25 条の「要保護児童発見者の通告義務」と見なし，上記の専門職だけでなく，すべての国民に通告する義務が課せられています。

なお，第 1 章でも述べたように，児童虐待の通告義務に関しては，他の法律や倫理綱領などに定められている守秘義務規定は適用されません。また，通告を受けた児童相談所や福祉事務所に対しては，通告をした者を特定させる情報を漏らしてはならないとし，通告者を保護することも規定されています。たとえば，保育士が「園児が虐待を受けているのでは」と疑い，児童相談所に通告した場合，児童相談所が調査を行う過程で保護者から「誰が通告したのか？」と問い詰められる事態が起こり得ます。このようなケースを想定した場合，もしも児童相談所の職員が保護者に対して保育士から通告があったことを漏らす可能性があるのなら，そもそも保育士は通告することができなくなるでしょう。見方を変えるなら，児童虐待の通告義務を徹底するためにも，通告者を保護する規定が必要なのです。

図 38 は，児童相談所の虐待相談の種類別対応件数の推移を示しています。

2012年から5年ごとに各年度の対応件数の総計を母数として，児童虐待の種類別の割合をグラフ化しました。この間の推移をみると，2012年からの10年間で，身体的虐待やネグレクトに比べ，心理的虐待の割合が顕著に高くなっていることがわかります。この理由として，先述のように「面前DV」に対する警察からの通告が徹底されるようになったことや，子どもに対する暴言などに関しても心理的虐待であるとの社会的認識が広がってきたことなどが挙げられます。なお，性的虐待の割合が相対的に低いのですが，性的虐待は児童本人からの相談がない限り発見しにくく，他の虐待に比べて表面化しにくい傾向があるため，問題が潜在化しないように早期発見・早期対応の方法を確立することが課題となっています。

児童虐待防止法は，児童虐待の予防や早期発見など，児童虐待の防止に関する国及び地方公共団体の責務を定めています。先述のように法律自体は2000年に成立しましたが，これまでに法改正が重ねられ，その都度対策の強化が図られています。たとえば，通告義務に関しては「児童虐待である」と断定できない場合でも，児童虐待を受けたと「思われる」児童もその対象とするように，通告義務の範囲が拡大されてきました。また，通告を受けた児童相談所は，保護者が家庭等への立入調査を拒否する場合でも，裁判所の許可状を得た上で，必要に応じて警察と連携して児童の安全確認等のために立入調査を行う

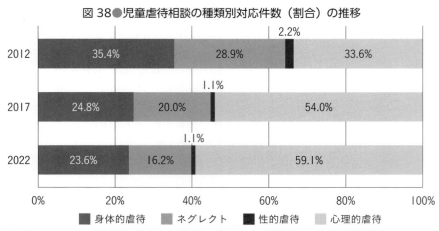

図38●児童虐待相談の種類別対応件数（割合）の推移

（資料：こども家庭庁「令和4年度児童相談所における児童虐待相談対応件数（速報値）」に基づいて筆者が作図）

ことができるなど，その権限の強化も図られてきました。

　対策の強化を図る観点から児童福祉法の改正も行われており，都道府県等が設置する児童相談所だけでなく，市町村に対しても児童虐待の相談窓口となり，必要な調査や指導を行うことが求められるようになりました。併せて市町村の責務として，関係者間での情報交換や支援協議などを行う「要保護児童対策地域協議会」の設置も努力義務化されています。

3　親子にとって身近な場所での相談支援

　先述のように，児童虐待を防止するためには，子育て家庭に対する指導や監視を徹底していくよりも，まずは親の不安や悩みに寄り添い，子育てを社会的に支えていくことが第一歩であるといえます。都道府県や市町村には，子ども家庭福祉分野を中心に多様な相談機関が設置されています。児童相談所，福祉事務所，市町村の担当課や保健センターなどは，いずれも家庭生活にかかわる相談支援に対応する行政機関です。

　他にも障害児支援の中核を担う児童発達支援センター，福祉事務所に設置された家庭児童相談室などもあります。また近年では，発達障害，保護者の精神疾患，配偶者暴力（DV）への対応が社会的な課題となる中で，都道府県などに設置される発達障害者支援センター，精神保健福祉センター，配偶者暴力相談支援センターも，子ども家庭福祉に関連する相談機関としての重要性が高まっています。

　ただし，上記のような相談機関の窓口を，親が自発的に訪れるケースは決して多くはありません。行政機関の場合，子育て中の親にとっては「敷居が高い」と感じられることに加えて，専門の相談機関であるほど「深刻な問題」を扱うというイメージもあるため，気軽に相談に訪れる場所としては認識されていないのです。実際，自治体の政策立案のために子育て家庭へのアンケート調査を行うと，各所に相談機関が設置されているにもかかわらず，「気軽に相談できる場所がほしい」との要望が寄せられることがあります。

　児童虐待防止の観点から，予防や早期支援を目指すのであれば，子育て家庭にとってより身近に感じられる地域の施設や子育て支援事業において，相談支援に取り組むことが重要です。深刻な問題を抱える事例であるほど，専門の相談機関との連携が必要になりますが，そのような専門的な支援への入口・導入部分を子育て支援が担うことも大切です。

幼稚園・保育所・認定こども園などの就学前施設は，保護者にとっては子どもが日々通う場であり，施設の保育者とも日常的に顔を合わせるだけに，身近に感じられる施設です。また，家庭と同様に子どもの様子を見守る立場にあることから，保護者の子育てに寄り添うパートナーにもなり得る存在です。これらの就学前施設の保育者は，長期的かつ継続的に家庭とかかわることができる特性を生かし，保護者が子育ての悩みや問題を抱える場合に，気兼ねなく相談できるような関係を形成することが求められます。

子育て相談に応じたり，園庭開放などの子育て支援に取り組む就学前施設は増えていますが，他方で保育や幼児教育などの本体事業があるため，地域の子育て支援のために十分な人員を確保できなかったり，利用者側から見ても在園児の保護者以外にとっては敷居が高く感じられる場合があります。地域子育て支援拠点は，第3章で述べてきたように乳幼児とその保護者が相互に交流できる場所を開設し，子育てについての相談，情報提供などを行う事業です。幼稚園・保育所等の未就園児を中心に，保護者にとって身近な相談の場としての働きを積極的に担うことが期待されています。

第2節　社会的養護における子ども家庭支援

1　社会的養護をめぐる動向

家庭で子どもを養育できない場合（または児童虐待などによって適さない場合），公的責任で社会的に養育し，保護するとともに，養育に困難を抱える家庭への支援を行うことを社会的養護といいます。児童虐待への対応として，通告・相談等を受けた児童相談所が「保護者に監護させることが不適当である」と認めた要保護児童については，社会的養護の対象になります。子どもを社会的に養育・保護する方法としては，児童養護施設に代表される「施設養護」が中心でしたが，近年，より家庭に近い環境の中で養育する「家庭的養護」や「家庭養護」への移行が図られています。

児童養護施設は，保護者のいない児童，虐待されている児童，その他環境上養護を要する児童を入所させて養護し，児童の自立を支援することを目的としています。施設の機能としては，子どもの生活（衣食住）を保障するだけでなく，個々の年齢・個性・家庭背景等に即した発達を保障することや，社会的な

自立を支援する働きがあります。

　児童養護施設の他にも，おもに乳児を対象として社会的養護を行う乳児院，非行少年の保護と自立を支援する児童自立支援施設，社会生活への適応が困難となった児童に対して心理的治療や生活指導を行う児童心理治療施設などがあります。それぞれに施設の働きは異なりますが，虐待を受けた子どもの入所が増えています。

　このように社会的養護を担う施設は全国に 800 か所以上ありますが，近年では施設の小規模化を進めることが課題となっています。その背景には，「子どもにとって安定した養育者との長期的な関係を，具体的に保障できるように計画しなければならない」というパーマネンシー・プランニング（permanency planning）の考え方があります。たとえば，伝統的な児童養護施設（旧：養護施設）の場合，職員がひとときに関わる児童数が 20 人以上になる大舎施設が少なくありませんでした。そのため，従来から子ども一人ひとりへの個別ケアや愛着形成が困難になることなどが，問題点として指摘されてきました。そのような状況を改善するため，より少人数で生活集団を構成する中舎（13〜19人），さらに少人数の小舎（12 人以下）へと徐々に移行が図られてきたのですが，2000 年代に入ると，家庭に近い環境の中で養育する「家庭的養護」（family-like care）が注目されるようになってきました。

　家庭的養護については，入所施設の小規模化を具体的に進め，少人数の生活単位でケアを実践するために，以下の 2 つの施設形態が制度化されています。

■地域小規模児童養護施設（グループホーム）
　　本体施設の支援のもと地域の民間住宅などを活用して家庭的養護を行う。
　　定員は 4〜6 人。

■小規模グループケア（ユニットケア）
　　児童養護施設等の本体施設において，子どもの生活単位（ユニット）を小規模なグループに分けてケアを行う。1 グループ 6〜8 人。

　他方，国際的な動向に目を向けると，子どもの権利条約に基づき 2009 年に国連により発表された「児童の代替的養護に関する指針」では，里親や養子縁組などの家庭での養育を重視し，とくに乳幼児は家庭で養育することなど，いわゆる「家庭養育優先の原則」が掲げられました。こうした動向を受けて，日本でも 2016 年の児童福祉法改正において，家庭への養育支援から代替養育までの社会的養育の充実とともに，家庭養育優先の理念を規定し，実親による養

育が困難であれば，特別養子縁組による永続的解決（パーマネンシー保障）や里親による養育を推進することを明確にしました。

さらに2017年に厚生労働省は，上記の児童福祉法の改正を受けて，その理念を具体的に実現するため「新しい社会的養育ビジョン」を発表しました。この「新しい社会的養育ビジョン」では，以下の項目について速やかに，かつ計画的に改革を進めることを打ち出しています[2]。

①市区町村を中心とした支援体制の構築

②児童相談所の機能強化と一時保護改革

③代替養育における「家庭と同様の養育環境」原則に関して乳幼児から段階を追っての徹底，家庭養育が困難な子どもへの施設養育の小規模化・地域分散化・高機能化

④永続的解決（パーマネンシー保障）の徹底

⑤代替養育や集中的在宅ケアを受けた子どもの自立支援の徹底

なお，2020年に策定された「第4次少子化社会対策大綱」においては，「新しい社会的養育ビジョン」に示された家庭養育優先原則や特別養子縁組による永続的解決（パーマネンシー保障）を推進するため，年限を明確にした取組目標が設定されています（**図39**参照）。

2 家庭養護の推進

施設の小規模化を図る「家庭的養護」と異なり，里親家庭などで子どもを養

図39●第4次少子化社会対策大綱に示された社会的養育の目標値

	目標	現状 （大綱策定時の直近値）
里親等委託率 （3歳未満）	75% （2024年度末）	―
里親等委託率 （乳幼児）	75% （2026年度末）	―
里親等委託率 （学童期以降）	50% （2029年度末）	―
特別養子縁組の 成立件数	年間1000件 （2024年度末）	616件 （2017年）

（第4次少子化社会対策大綱の資料「別添2」より「社会的養育の充実」のみ抜粋）

育・保護する社会的養護の形態を「家庭養護」（family-based care）と呼んでいます。

里親とは，ボランティア家庭に子どもの養育を委託する制度です。児童相談所の措置決定に基づいて，子どもに適した里親が選ばれます。一般的な「養育里親」のほかに，三親等内の親族が里親になる「親族里親」，養子縁組を結ぶことを前提とする「養子縁組里親」，虐待・非行・障害などの理由により専門的な援助を必要とする子どもを養育する「専門里親」があります。

また，いわゆる里親制度の拡充型モデルとして，小規模住居型児童養育事業（ファミリーホーム）があります。これは，定員 5〜6 名の子どもを，養育者の住居で引き受けて家庭養護を行う方法です。養育者（里親）以外に，職員を配置できるのが特徴です。

前項で述べてきたように，家庭養育優先の原則に基づいて取組目標が示されたこともあって，伝統的な施設養護から里親等の家庭養護への移行が進められています。**図 40** は，2009 年度末と 2019 年度末の里親等委託率（ファミリーホームを含む）を示しています。各年度末（2010 年と 2020 年）で，児童養護施設と乳児院の入所児童数及び里親等に委託されている児童数の合計を母数とし，施設との対比で里親等委託児童数の割合やその変化をみることができます。この図からもわかるように，乳児院や児童養護施設で生活する児童の割合が減少しているのに対して，里親委託児童は増加傾向を示しています。実際に，里親委託児童数は 2010 年の 4,373 人から 2020 年には 7,707 人へと増加しています。

なお，児童養護施設や乳児院などに対しては，里親のリクルートやアセスメント，里親に対する研修，子どもと里親家庭のマッチング，里親委託中における里親養育への支援から自立支援までを里親とチームになって担っていく「フォスタリング（里親養育包括支援）機関」の役割が期待されています。児童養護施設や乳児院などは，フォスタリング機関として，入所機能のみならず，アセスメント機能，相談・通所機能，在宅支援機能及び里親支援機能を付加するなど，施設の多機能化が求められるようになっています。また，2024年度からは，家庭養育の推進により児童の養育環境を向上させるため，児童福祉法に基づく児童福祉施設として「里親支援センター」が新たに位置づけられています。

他方，家庭での養育が著しく困難であったり不適切であったりする場合の子

図 40●里親等委託率の推移（単位%）

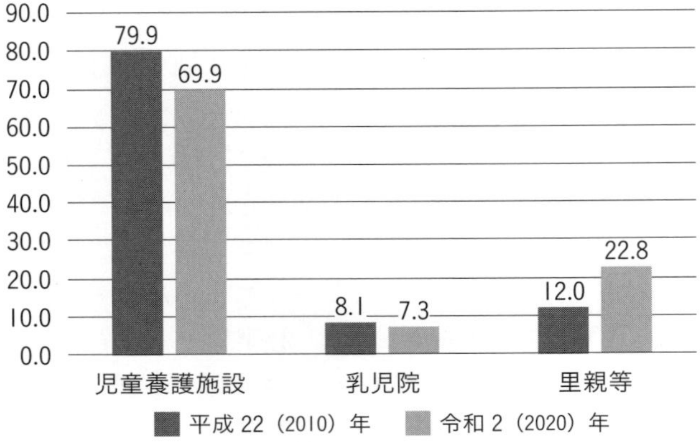

（資料：厚生労働省（2022）「社会的養育の推進に向けて」に基づき筆者が作図）

どもの代替的養育としては，永続的解決（パーマネンシー保障）の観点から特別養子縁組の拡充も図られています。特別養子縁組は，原則 15 歳未満の児童を対象に，家庭裁判所が審判により縁組を成立させる制度で，縁組によって法律上の親族関係が終了し，戸籍面でも実親の記載がなく，養親との続柄も養子としてではなく実子と同様に記載されます。なお，15 歳以上 18 歳未満の子どもについても，本人の同意などを条件に，例外的に養子として認めることになっています。

　特別養子縁組の成立件数は，司法統計によれば 2019 年には 711 件となるなど増加傾向を示していましたが，その後 2020 年，2021 年ともに年間 700 件を下回っており，やや伸び悩んでいるといえます。里親などの家庭養護の推進に関しても，里親制度の普及に関しては現実的な課題が残されているため，第 4 次少子化社会対策大綱に示された目標値を達成できるかは今後の推移を見守っていく必要があるでしょう。

3　被虐待児の家庭養護に関する課題

　これまで述べてきたように，要保護児童に対する社会的養護の方法としては，里親等による家庭養護や，特別養子縁組による永続的解決（パーマネンシー保障）が重視されるようになっています。他方，虐待を受けてきた子どもたち（以下，被虐待児）の中には，身体的暴力だけでなく心的外傷体験によっ

て問題行動が現れたり，愛着障害による症状を示したりするなど，対応が難しい子どもたちが含まれます。愛着障害とは，幼少期に虐待を受けたり，親との死別・離別などを体験したりすることによって，養育者との愛着（アタッチメント）がうまく形成されず，その結果として対人関係や社会性の発達に困難が生じてくる障害です。

　たとえば，林恵津子が養育里親に対して行った調査では，被虐待経験がない里親委託児に比べて，被虐待経験のある里親委託児では「孤独感，疎外感を持っている」「イライラしていて抑制がきかない」など，その他複数の項目において愛着の問題に関連する行動特徴が有意に多かったことが報告されています。そのうえで，こうした行動特徴を示す子どもへの対応は難しく，養育里親の不安や混乱を軽減するためには，丁寧な情報提供と支援体制の充実が不可欠であると指摘しています[3]。

　多くの里親や施設職員は懸命に子どもたちのケアに努めているのですが，一方で，施設に措置されたり里親に委託された被措置児童が，その措置先の施設職員や里親によって虐待を受けるという「被措置児童虐待」への対策が急務となっています。図41は，2009年～2013年度の5年間に都道府県等が把握した「被措置児童等虐待」の総件数302件中，それらがどこで起こったかを示しています。「被措置児童虐待」の問題は全体のごく一部であるとはいえ，被措置児童の中には少なからず被虐待児が含まれることも加味すれば，本来は保護されるべき施設や里親のもとで再び虐待を受けるような事態は避けなくてはなりません。

　虐待などの不適切な養育を受けた子どもは，愛着障害や心的外傷（トラウマ）の影響によって情緒が安定せず衝動的であったり，暴力や自傷行為などの様々な問題行動を示したりする場合があります。図41において引用した『被措置児童等虐待事例の分析に関する報告』では，被措置児童等虐待を防止するための一方策として，施設職員等に対して「トラウマ・インフォームド・ケア」の視点をもって養育を行うことが提案されています。この「トラウマ・インフォームド・ケア」については，「暴力など子どもの問題行動の背景にトラウマの影響があるという理解に基づいて子どもの行動を理解し，さらに，子どもは安全で予測できる日常生活の中で，大人と安定した信頼関係を築けて初めて心の傷を回復させることができるという理解に基づいて，子どもの気持ちを受け止める，子どもに肯定的な視点で注目する，一貫性を持った指示をするな

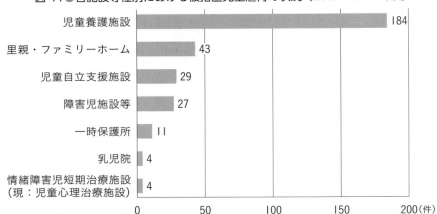

図 41 ●各施設等種別における被措置児童虐待の状況（2009〜2013 年度）

（資料：厚生労働省（2016）『被措置児童等虐待事例の分析に関する報告』（社会保障審議会児童部会社会的養護専門委員会 被措置児童等虐待事例の分析に関するワーキンググループ）に基づき筆者が作図）

どの対応を実践することで，心の傷を抱えた子どもに安心と信頼感を育む」と述べられています。そのうえで，「施設職員等は，こういったケアの視点を持って不適切な養育を受けた子どもと接することで，子どものトラウマの影響に振り回されることが少なくなる」とも述べられています[4]。

このように，対応が難しい子どもたちに日々接する施設職員や里親に対しては，研修等を通じて被虐待経験のある子どもへの理解を深め，実践的な対応力を高めることが求められています。今後は家庭養護の推進に伴い，さらに里親委託率が高まるにつれて，里親に対する研修等のバックアップ体制の拡充が必要です。前項で述べたように，児童養護施設や乳児院などの「フォスタリング機関」としての働きのなかには，里親支援機能が位置付けられています。これらの施設には，従来からの施設における入所ケアだけでなく，むしろ地域で被虐待児などを養育する里親に対して研修を行ったり，里親からの相談に対応するなど，里親支援を積極的に担っていくことが期待されているといえます。

第3節　子ども家庭支援における予防型支援

1　児童虐待防止対策における市町村の働きとその強化

　従来から児童虐待への対応として，児童相談所は，子どもや家庭に対する指導・介入を行ったり，必要に応じて施設入所や里親委託等の措置を行ったりするなど，その中心的な役割を担ってきました。児童相談所は，児童福祉法に基づいて都道府県や政令指定都市に必置とされており，児童福祉司や児童心理司などの専門職を配置する行政機関です。なお，近年，児童相談所の体制強化が図られるとともに設置自治体が増加しており，2023年には全国で232か所に達しています。

　その一方で，虐待防止対策を拡充していくためには，児童相談所だけでなく，住民にとって身近な基礎自治体である市町村の果たす役割が重視されるようになっています。とくに児童虐待の「発生予防」に関しては，乳児家庭全戸訪問事業，養育支援訪問事業，地域子育て支援拠点事業など，市町村の子育て支援の取り組みが進められてきた経緯があります[5]。虐待が起こってからの事後対応とは異なり，子育て家庭にとって身近な地域において悩みや不安を相談できる体制を整備することにより，虐待のような深刻な問題を未然に防止するように努めることが重要です。既述のように，市町村に対しては，関係者間での情報交換や支援協議などを行う「要保護児童対策地域協議会」の設置も義務付けられています。このような地域における関係機関のネットワーク構築などにより，虐待の「発生予防」から「早期発見・早期対応」「保護・自立支援」に至るまでの総合的な支援体制を，市町村及び都道府県が連携して整備していくことが必要です。

　なお，第1章でも述べてきたように，すでに起っている虐待のリスクに対してアプローチする「ハイリスクアプローチ」に対して，その前段階において，子育て家庭を対象にリスクの発生を防止する働きを「ポピュレーションアプローチ」といいます。前者が2次予防（問題の早期発見・早期支援）に位置づけられるのに対して，後者は1次予防（問題の発生防止）を担うものとして捉えられます。地域における子育て支援事業を推進していくことは，予防的な視点に立てばポピュレーションアプローチの整備・充実にもつながります。

　母子保健法の改正によって，2017年度からは，市町村においてポピュレー

ションアプローチを担う機関として，新たに「子育て世代包括支援センター」（法律上の名称は母子健康包括支援センター）の設置が努力義務化されました。子育て世代包括支援センターは，保健師等がすべての妊産婦の実情把握に努め，妊娠期から子育て期に至るまで様々な相談等に応じたり，関係機関との連絡調整を図ることで，切れ目のない支援を提供します。「子育て世代包括支援センター業務ガイドライン」では，「センターは妊娠・出産・子育てに関するリスクの有無にかかわらず，予防的な視点を中心とし，全ての妊産婦・乳幼児等を対象とするポピュレーションアプローチを基本とする」と述べられています[6]。

　併せて，2016年の児童福祉法の改正により，要支援・要保護児童を含む子育て家庭に対して福祉に関する支援（ソーシャルワーク業務）を担う「市区町村子ども家庭総合支援拠点」の設置も努力義務化されました。なお，国は2022年までにすべての市区町村に子ども家庭総合支援拠点を設置するという方針を打ち出し，2次予防に関しても一定の役割を担うように働きかけてきました。さらに，2024年度からは新たな制度改正により，これまで述べてきた「子育て世代包括支援センター」と「子ども家庭総合支援拠点」の双方の相談支援機能を一体的に有する「こども家庭センター」の設置が義務付けられました。こうして基礎自治体である市町村に対しては，児童虐待の発生予防（1次予防）だけでなく，早期発見・早期支援（2次予防）についても一体的に取り組むことが求められるようになっています。

　柏女霊峰は，「児童相談所は都道府県レベルの相談援助機関であり，この活動が有効に機能するためには，市町村・地域レベルにおいて各種の相談援助資源を有効に活用して各種相談のネットワーク化を図り，保護者や子ども自身が気軽にしかも安心して相談できる体制の整備を図ることが求められている」と述べています[7]。児童虐待への対応は，都道府県が専門的相談・指導から保護的機能までを担当する「児童相談所にお任せ」する時代から，市町村においても母子保健や子育て支援など関係機関による包括的な支援体制を整備し，都道府県とともに児童虐待防止に努めることが必要とされる時代へと移行しているといえるでしょう。

2　身近な支援者の存在と予防型支援

　児童虐待は，親自身の生育歴や夫婦・親子関係の状態，家庭の経済状況な

ど，様々な要因が複雑に関係しあって起こってきます。虐待をする本人ですら，なぜ自分が子どもに対してそのような行為をしてしまうのかがわからなくなっている場合もあります。

　岩藤裕美は児童虐待の発生要因を，環境的要因，親の要因，子どもの要因に分類し，これらが複合されることによって虐待が生じやすくなることを示しています（**図42**参照）。また，これらの要因がみられるとしても，そばにいて心配してくれる人や，困ったときに助けを求められる人が存在していれば，リスクを克服できる可能性が高くなると示唆しています[8]。

　子育て家庭にとって身近な地域において悩みや不安を相談できる体制を整備することにより，児童虐待の発生を未然に防止する1次予防に努めることを，本章では「予防型支援」と呼ぶことにします。支援者は，個々の家庭における子育ての悩みや不安だけでなく，家庭の経済状況や家族関係上のストレス要因などについても理解を深め，まずは親子に寄り添い，助けを求められたときにはいつでも応じられる存在になることが重要です。とりわけ家庭の孤立傾向が高い場合には，今かかわりのある支援者がしっかりと信頼関係を形成し，利用者にとって身近な相談相手となることで，他の社会資源に結びつく可能性も高くなります。

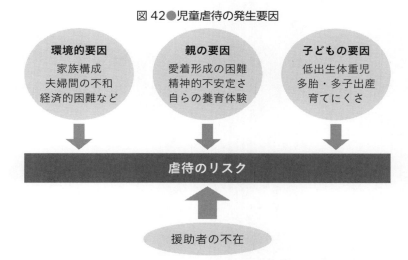

図42●児童虐待の発生要因

（出典：岩藤裕美（2008）「虐待の可能性とその防止への援助」無藤隆・安藤智子編『子育て支援の心理学—家庭・園・地域で育てる—』有斐閣.）

保育所，児童館，地域子育て支援拠点，認定こども園など，身近な地域の中で親子が利用する施設・事業は，少子化対策に位置づけられるだけでなく，子ども家庭福祉における予防型支援を担うことが大切です。これらの保育施設や子育て支援事業は，子どもが日々通ったり，親子で日常的に利用できる場であるゆえに，保健センターや児童相談所などの行政機関に比べると「敷居の低い」「間口の広い」支援の場でもあるといえます。地域の子育て支援を充実させ，家庭の孤立化を防ぎ，子育ての悩みや不安が蓄積されないように支援することは，児童虐待の発生やその重症化を予防することにつながります。

　また，児童虐待は子どもの低年齢時期に発生するリスクが相対的に高く，2020年度中の児童相談所の対応件数を年齢別にみると，6歳未満児が38.9%（79,775件）を占めています[9]。とりわけ最も重篤な死亡事例に関しては，厚生労働省が2003年から毎年（2008年からは年度ごとに）行ってきた調査では，図43に示すように0歳児が占める割合が顕著に高く，第18次報告におけ

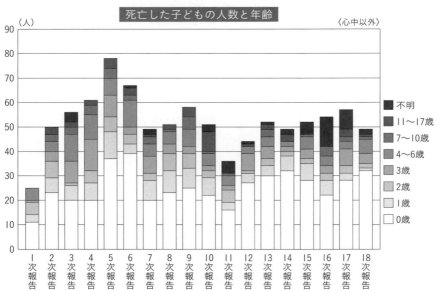

図43●児童虐待による死亡事例の推移

（出所：社会保障審議会児童部会児童虐待等要保護事例の検証に関する専門委員会（2022）「子ども虐待による死亡事例等の検証結果等について（第18次報告）」）
（図引用：認定特定非営利活動法人児童虐待防止全国ネットワーク「子ども虐待防止オレンジリボン運動　統計データ」(https://www.orangeribbon.jp/about/child/data.php)）

る 2020 年度中の死亡事例では 0 歳が 32 人（65.3%）を占めていました[10]。このような観点から，児童虐待の予防型支援として，妊娠期を含むより早期の支援の必要性が高まっており，前項でも述べたように，市町村の母子保健の役割や，子育て支援事業との連携が重視されるようになっています。

3　多様なニーズへの対応

地域の子育て支援をめぐっては，急速な社会的変化に連動して，多様なニーズに対応していくことが求められています。たとえば，第 4 章で述べてきたように，障害児の保護者が孤立したり，子育てや介護の負担を抱え込んでしまったりする状況では，児童虐待の発生リスクが高くなる場合があります。既述のように，障害児支援分野ではすでに「障害児の虐待」への対応が課題となっており，療育にスムーズに結び付きにくい親子などに対して，地域の子育て支援事業や母子保健が密接に連携を図り，いわゆる「気づき」の段階から早期の支援に取り組むことが急務となっています。

他方，子育て家庭の経済的状況に目を向けてみると，若い現役世代の収入が伸び悩んでいることもあり，子どもの貧困が社会問題となっています。たとえば，近年，「子ども食堂」や「フードパントリー」などの民間の取り組みが注目されるようになってきた社会背景には，子どもの貧困や母子家庭の生活困窮問題があります。第 2 章でも述べたように，2021 年の調査における日本の相対的貧困率は，子どもの貧困率が 11.5% となっており，およそ 9 人に 1 人の子どもが貧困状態に置かれています[11]。また，ひとり親世帯の相対的貧困率は 44.5% で，近年改善傾向はみられるものの，OECD 加盟国における比較では依然として高い状態にとどまっています。

家庭生活において経済的困窮や離婚経験などの要因が複合的に絡み合うような状況では，児童虐待の発生リスクが高まる傾向があります。たとえば，2003年に東京都が行った調査では，都内の児童相談所が対応した虐待事例の家庭の特徴として，上位に「ひとり親家庭」「経済的困難」「孤立」が挙げられていました[12]。また，中村強士は，保育所の保護者に対する調査によって，所得が低い階層では育児ストレスを抱えやすく，そのストレスの発散方法として「ついついあたった」「ついつい叩いた」「厳しく叱った」という養育態度を示す傾向が認められたことを報告しています[13]。

もちろん，シングルマザーであったり，経済的困窮に直面していても，しっ

かりと子育てをしている家庭はたくさんあります。ただし，複合的な要因がみられる場合には，それらの要因が複雑に絡み合うほど，虐待のリスクが高まる傾向があることは否めません。児童虐待の予防型支援に努めるのなら，公的な相談機関だけでなく，保育所，児童館，子育て支援センターなどの地域の子育て支援事業においても，低所得世帯やひとり親家庭への支援，障害児支援，さらには外国ルーツの子どもやその家庭への支援など，多様なニーズに対応する取り組みを進めていく必要があるでしょう。

　なお，近年は社会的養護の現場でも，発達障害や外国ルーツの子どもなどが増えており，里親だけでは多様なニーズに対応することが難しくなっています。望月彰は，単に施設から里親への転換ということではなく，アフターケアを含む高度な専門性を備える施設養護と，「良好な家庭環境」を提供する家庭養護・家庭的養護さらに地域子育て支援事業との有機的連携によるグラデーショナルケアともいうべき実践や，そのための制度整備が求められると述べています[14]。これからの社会的養護の推進において，地域における子育て支援は児童虐待の予防型支援だけでなく，社会的養護の対象となった子どもたちにも目を向け，里親などの子育てを支えることによって家庭養護をバックアップし，子どもたちが安心して暮らせるための支援の一翼を担うことも重要だと考えます。

〔注〕

1) 山野則子（2008）「第3章　虐待」山縣文治編『子育て支援シリーズ5　子どもと家族のヘルスケア—元気なこころとからだを育む—』ぎょうせい.

2) 厚生労働省（2017）『新しい社会的養育ビジョン』（新たな社会的養育の在り方に関する検討会）

3) 林恵津子（2015）「被虐待経験が子どもの行動特徴に及ぼす影響—里親委託児における愛着の問題に関する調査—」『埼玉県立大学紀要』17，37-42.

4) 社会保障審議会児童部会社会的養護専門委員会　被措置児童等虐待事例の分析に関するワーキンググループ（2016）『被措置児童等虐待事例の分析に関する報告』（厚生労働省）

5) 内閣府（2008）「平成20年版　少子化社会白書」

6) 厚生労働省（2017）「子育て世代包括支援センター業務ガイドライン」

　※平成28年度子ども・子育て支援推進調査研究事業「子育て世代包括支援センターの業務ガイドライン案作成のための調査研究」（事務局：みずほ情報総研株式会社）においてガイドライン試案として取りまとめられ，その後に実施されたパブリックコメントに寄せられた意見を参考に修正したもの.

7) 柏女霊峰（2020）「子ども家庭福祉における地域包括的・継続的支援のシステムづくり」

柏女霊峰編著『子ども家庭福祉における地域包括的・継続的支援の可能性―社会福祉のニーズと実践からの示唆―』福村出版.

8) 岩藤裕美（2008）「虐待の可能性とその防止への援助」無藤隆・安藤智子編『子育て支援の心理学―家庭・園・地域で育てる―』有斐閣.

9) 厚生労働省（2021）「令和2年度福祉行政報告例の概況」

10) 厚生労働省（2022）「子ども虐待による死亡事例等の検証結果等について（第18次報告）」社会保障審議会児童部会児童虐待等要保護事例の検証に関する専門委員会.

11) 厚生労働省（2023）「2022（令和4）年国民生活基礎調査の概況」

12) 東京都福祉保健局（2005）「児童虐待の実態Ⅱ―輝かせよう子どもの未来，育てよう地域のネットワーク―」.

13) 中村強士（2015）「保育所保護者における貧困と養育態度―名古屋市保育所保護者への生活実態調査から―」『日本福祉大学社会福祉論集』133, 17-27.
　※2012年に名古屋市内における公立・私立合わせたすべての保育所保護者（公立120か所，私立186か所）を対象に，14,089通（回収率40.2％）の回答を得た調査に基づく.

14) 望月彰（2022）「子どもの生活の基盤―社会的養護の法制度―」遠藤由美編著『「そだちあい」のための社会的養護』ミネルヴァ書房.

おわりに

　2015年に出版した書籍『家庭支援の理論と方法─保育・子育て・障害児支援・虐待予防を中心に』は，子ども・子育て支援新制度のスタートを見据え，新制度に対応した支援の理論と方法の提示を目指して執筆したものでした。以降も子ども・子育て支援や福祉関連制度の改正が続き，2023年にはこども家庭庁が創設され，新たな制度や事業が始まっています。

　本書では，子どもの育ちや子育てをめぐる社会の動向，子育て家庭の現状について，前著執筆以降の変化も詳しく解説した上で，制度や政策，支援のあり方について述べています。子育て支援の実践においては，支援者としてあるべき姿や目指す支援などの理念を理解することも大切ですが，日々，子どもや子育て家庭に寄り添うためには，事業や制度の目的，その支援が必要となった社会的背景を理解することも重要だからです。

　そして，「第3章　保育・子育て支援における子ども家庭支援」では，保育所保育指針，幼保連携型認定こども園教育・保育要領に示された子育て支援の内容の変遷をふまえ，保育所や認定こども園に期待される子育て支援における役割について述べています。保育士を目指す人たちにとって，子どもの健やかな育ちを支えることと同様に，家庭を支えることの重要性について理論と方法から学ぶ機会になることを願っています。

　また，前著でもあらゆる家庭の子育てに対する支援を意識して執筆しましたが，本書においては，ポピュレーションアプローチとしての支援の重要性や具体的な方法，その後の継続的な支援の展開や関係機関との連携・協働による支援の実践について更に検討を加えました。中でも，「第4章　障害児支援における子ども家庭支援」，「第5章　児童虐待への対応と子ども家庭支援」では，障害児の子育てや社会的養護を必要とする子育てを社会的に支援するためのあり方について詳しく述べています。あらゆる家庭の支援に携わる支援者にとって，多様な支援ニーズを持つ子どもや家庭に対する支援のあり方や具体的な展開について見通しを持つことは，支援の質の向上につながると考えます。

「子育て支援」は，その概念も言葉も無かった昭和時代末期から，支援の必要性を感じた子育ての当事者や，子どもや子育て家庭を支えてきた専門職，地域活動に携わる人々などが，手探りで実践を重ねながら顕在化する諸課題に向き合い，拡充されてきました。

　筆者らは，子ども家庭支援の草創期から，子育て支援の研究者として，また，子育ての当事者，そして地域で子育を支える支援者の一員として活動してきました。そこでの出会いや学び，多くの実践者との研鑽により今回の執筆に至りました。ここに感謝の意を表します。本書が，日々，子どもと子育て家庭を支える支援者の皆様の一助となること，その支援が子どもや子育て家庭の幸せにつながることを切に願っております。

　最後になりましたが，インターネットでの検索が日常となった令和の時代に，本書が書籍として実践者や子育て支援を志す方々の傍らにいつも存在できるよう世に送り出してくださった金子書房様，編集をご担当いただいた岩城亮太郎氏に心よりお礼を申し上げます。

2024 年 7 月

金山美和子

● 著者紹介

渡辺顕一郎 （わたなべけんいちろう） ／ 第1章第1〜3節、第4節2・3、第2章第1節1・4、第2節1、第3章第1節、第2節4、第3節1〜4、第4節、第4章、第5章第1節1、2、第2節、第3節

日本福祉大学教育・心理学部教授。子ども家庭福祉論、子ども家庭支援論。

関西学院大学大学院博士課程修了（2000年、社会福祉学博士）。京都国際社会福祉センター専任講師、四国学院大学教員を経て、2007年度より現職。厚生労働省「社会保障審議会児童部会」臨時委員、「障害児支援の在り方に関する検討会」委員などを歴任。また、地域子育て支援、障害児の家族支援に携わりながら、2002年に香川県にて地域の有志の人たちとともにNPO法人「子育てネットくすくす」を設立。大学教員としての職務のかたわら、地域子育て支援拠点や障害児通所支援事業の運営にもかかわってきた。

主な著書に『詳解　地域子育て支援拠点ガイドラインの手引（第4版）——子ども家庭福祉の制度・実践をふまえて——』（中央法規出版）、『「気になる子ども」と「気にする先生」への支援——発達障害児のためにコミュニティ・福祉・教育ができること——』（金子書房）などがある。

金山美和子 （かなやまみわこ） ／ 第1章第4節1、第2章第1節2・3、第2節2・3、第3節、第3章第2節1〜3、第3節5、第5章第1節3

長野県立大学健康発達学部教授。保育学、地域子育て支援論。

2001年3月上越教育大学大学院学校教育研究科幼児教育専攻修了。修士（教育学）。大学卒業後、私立幼稚園に11年間勤務。第2子出産後、夫の転勤を機に退職。その後、子育てネットワーク活動に励みつつ大学院で幼児教育を再び学ぶ。大学院修了後、上越市女性相談員、上田女子短期大学専任講師、長野県短期大学専任講師、長野県立大学健康発達学部准教授を経て2023年度より現職。

長野県社会福祉審議会子育て支援専門分科会会長、信州幼児教育支援センターアドバイザリー・メンバーなどを歴任。2004年より上越地域を中心に活動するNPO法人マミーズ・ネットの理事として地域子育て支援拠点の受託運営にかかわる。

主な著書に、『子育て支援——保育者に求められる新たな専門的実践——』（同文書院）、『詳解　地域子育て支援拠点ガイドラインの手引（第4版）——子ども家庭福祉の制度・実践をふまえて——』（中央法規出版）などがある。

子ども家庭支援の理論と方法
——保育・子育て・障害児支援・社会的養護の動向をふまえて

2024年8月31日　初版第1刷発行　　　　　　　　　　　　　［検印省略］

著　　者　　　渡　辺　顕一郎
　　　　　　　　金　山　美和子

発　行　者　　　金　子　紀　子

発　行　所　　株式会社　金　子　書　房
　　　　〒112-0012　東京都文京区大塚3—3—7
　　　　　　　　電　話　03（3941）0111〔代〕
　　　　　　　　ＦＡＸ　03（3941）0163
　　　　　　　　振　替　00180-9-103376
　　　　　　　　URL https://www.kanekoshobo.co.jp

印　　刷　藤原印刷株式会社
製　　本　有限会社井上製本所

© Kenichirou Watanabe, Miwako Kanayama, 2024
Printed in Japan
ISBN 978-4-7608-2458-8　C3036